親愛的孔子老師

# 放學嗎  處世秘笈

吳甘霖 著

大家好，我叫端木賜，在學堂大家都叫我子貢，我們的學堂叫杏壇。我的口才好，又善於從政和經商，是孔子弟子中的高材生。這是我的第一本孔子書，也希望成為你的第一本孔子書。讓我們一起來認識更親切可愛的孔子老師吧！

# 杏壇同學會

**子貢**

別名　端木賜，字子貢。
籍貫　衛國
性格　精明、利口巧辯，辦事通達。
專長　論辯、經商。
成就　曾任魯、衛兩國之相，曾經商於曹、魯兩國之間，為孔子弟子中首富。與陶朱公范蠡齊名的儒商始祖，為後世商界所推崇。孔子弟子中為孔子守喪最長者。

**曾參**

別名　字子輿，世稱「曾子」，有「宗聖」之稱。
籍貫　魯國
性格　認真勤奮、愚鈍固執、注重孝道。
成就　相傳《大學》為其所述，又作《孝經》，其學傳子思，子思傳孟子。

▶ 父子

**曾點**

別名　字晳
籍貫　魯國
性格　教子嚴格

**子游**

別名　言偃，字子游，亦稱言游，又稱叔氏。
籍貫　吳國
性格　胸襟寬廣
專長　文學、禮樂教化。
成就　對江南文化的繁榮發展有很大貢獻，被譽為「南方夫子」，尊稱「言子」。

**子夏**

別名　卜商，字子夏。
籍貫　晉國
性格　勤奮好學、才思敏捷。
專長　文學、詩。
成就　曾在魏國西河（今陝西渭南）創辦學堂並授業，開創「西河學派」。

## 子思

別名 孔伋，字子思，有「述聖」之稱。
籍貫 魯國
性格 坦率、善於思考、崇尚仁德。
成就 相傳《中庸》為其所述，後人把子思、孟子並稱為「思孟學派」。

## 冉求

別名 字子有，亦稱冉有。
籍貫 魯國
性格 勇武善戰、謹慎多慮。
專長 經濟理財、軍事。
成就 曾被任命為季氏家族總管。曾帶領魯國軍隊大敗齊師，立下戰功。

## 子路

別名 名仲由，字子路，或稱季路。
籍貫 魯國
性格 直爽、莽撞衝動、大膽、鑽牛角尖。
成就 侍奉孔子最久的弟子之一。曾任衛國蒲邑地方官。

## 顏回

別名 字子淵，又稱顏子、顏淵。
籍貫 魯國
性格 溫文爾雅、虛心好學、講誠信、有仁德。
成就 「孔門十哲」中德行科之一。被視作孔子最得意的弟子，位居孔門第一位。

▶ 父子

▶ 顏路

別名 顏無繇，一名由，字路。
籍貫 魯國
性格 愛子心切、自尊心強。

v

**宰予**

別名 字子我，又名予我、宰我。

籍貫 魯國

性格 口才了得、思維敏捷，但不夠虛心受教。

專長 辭令、辯論。

成就 曾在齊國做官

**宓子賤**

別名 宓不齊，字子賤。

籍貫 魯國

性格 有才智、仁民愛物、虛心向學。

成就 曾任單父地方官

**巫馬期**

別名 巫馬施，字子旗，一作子期。

籍貫 陳國

性格 勤奮、事必躬親。

成就 曾任單父地方官

**子羔**

別名 高柴，字子羔，一作子皋、子高、季高。

籍貫 衛國

性格 憨直忠厚、清廉公正、孝順。

成就 曾擔任魯國地方官、衛國獄吏，又為衛大夫孔悝家臣。

**商瞿**

別名 字子木

籍貫 魯國

專長 《易經》

成就 得孔子傳授《易經》，對《易》學的傳承有很大貢獻。

閔子騫

別名 閔損，字子騫。
籍貫 魯國
性格 寡言穩重、極盡孝道。

有若

別名 字子有
籍貫 魯國
性格 重視禮樂與孝道、記憶力強。

南宮适

別名 一名韜，字子容，又稱南宮括、南容。
籍貫 魯國
性格 注重德行、言行謹慎。

孔蔑

別名 孔忠，字子蔑。
籍貫 魯國
成就 曾任魯國地方官

司馬牛

別名 一名犁，子姓，向氏，字子牛。
籍貫 宋國
性格 急躁、善言談。

子張

別名 顓孫師，字子張。
籍貫 陳國
性格 溫和莊重、凡事從容。

公西華

別名 公西赤，字子華。
籍貫 魯國
性格 謙恭有禮

樊遲

別名 樊須，字子遲。
籍貫 魯國
性格 天資不足，但認真學習，善於提問。

冉伯牛

別名 冉耕，字伯牛。
籍貫 魯國
性格 賢達

澹台子羽 ▶

別名 澹台滅明，字子羽。
籍貫 魯國
性格 不善於表達自己，認真學習。
成就 曾在武城做子游的幕僚

公良儒 ▶

別名 字子正，《史記》寫成公良孺。
籍貫 陳國
性格 賢良、勇武、正直。
成就 孔子在蒲地遇困，公良儒奮力保護孔子。

仲弓 ▶

別名 冉雍，字仲弓。
籍貫 魯國
性格 篤實敦厚、氣度寬宏、深思熟慮，但口才不好。
成就 曾任季孫氏的家臣

# 十大傑出弟子

## 德行科
顏回｜閔子騫｜冉伯牛｜仲弓

## 言語科
宰予｜子貢

## 政事科
冉求｜子路

## 文學科
子游｜子夏

# 目　錄

## 001 第壹班
### 仁者大福氣

# 仁者大福氣

曾參理直氣壯地休妻，卻遭老師嚴厲批評；
老師向魯國國君和宰相季康子苦口婆心地講述為
官之道；冉求因為助紂為虐被老師責罵——「鳴鼓
而攻之」；子羔因為一個表情，在衛國內亂時被人
救了一命……

　　這一切，都是想闡明和推廣一個做人的道理：
「仁者愛人」。

# 蒸梨的溫度

「阿木」曾參竟然因為妻子給後母送去的梨沒有蒸熟，就認為她不孝，將她休掉。

如此踐行「孝道」，不僅沒有得到老師的肯定，反倒再次受到老師嚴厲的批評。

「阿木」曾參又捱老師罵了！

那是十月的一天，豔陽高照。我從楚國回到魯國，然後去拜見老師。

一進門，先是聞到一股濃烈的煙火味，然後遠遠就聽到老師在責罵曾參。一些同學出出進進，有的拿着水，有的拿着掃把，一個個匆匆忙忙。一打聽，原來是馬廄剛才着火了。

想起進門時老師在罵曾參，我不由得想到這場火是不是和他有關。也許是這書呆子看書不小心，碰倒火苗把馬廄燒了吧？

一個小師弟卻告訴我，馬廄着火是因為別人不小心引起的，看來老師發火跟這件事沒有關係。

但我還是有些納悶，一是很少見老師這麼嚴厲，二是曾參的表現一直很好，還時不時得到老師的稱讚。到底是什麼事讓老師這麼生氣呢？

我輕輕推開門，只見白髮蒼蒼的老師坐在椅子上生氣。曾參則低着頭，不吭一聲地聽着老師訓斥：

你太讓我失望了，我把《孝經》傳給你，而且將子思交給你教育，誰知你竟然這樣做事⋯⋯

一年前，老師因為器重曾參，讓自己的小孫兒子思跟隨曾參學習。而這時，站在一旁的小子思有點不知所措，一會兒緊張地看看祖父，一會兒又看看老師曾參。

老師年紀大了，常常氣喘，萬不能氣壞了身體，再看看曾參可憐的模樣，我趕緊上去打圓場：

老師，曾參一直都很認真地實踐您的學問，即使有什麼做得不對的地方，您也別放在心上！

儘管我並不太喜歡曾參，但有一點我還是很佩服：他是老師最虔誠的弟子，而最近他開始不那麼「木」了。在他的身上，甚至可以看到一點顏回的影子。

曾參看了我一眼，眼中似乎仍含着淚花。看到他感激的眼神，我心

中一暖。

老師喝了幾口我遞過去的茶，心情似乎平靜了一些，但還是餘怒未息，說：

如果是一般的事，我也就算了，可這次他做得也太過分了，竟然為了一點小事，就把自己的妻子休掉了，你說我能不生氣嗎？

什麼？「阿木」瘋了嗎？他的孩子還那麼小，何況我聽說他和妻子的感情一直不錯。

一問之下，我才了解事情的原委。

幾年前，曾參的生母去世，不久父親曾點又續弦再娶。

曾參的後母對曾參並不好，甚至常常刁難他的妻子兒女。但曾參向來孝順，即使這樣，他對後母仍極盡孝道，早晚問安，侍奉得很周全。

一天，後母想吃梨，但因為牙齒不好，生梨根本咬不動。曾參就對妻子說：「你去買幾個梨來，蒸熟蒸軟了再給母親吃。」交代完後，曾參就出去辦事了。

晚上曾參一回家，後母就向他哭訴，說他的妻子太可恨了，竟然將沒有蒸熟的梨端給她吃，不但咬不動，還把她的牙齦弄疼了。

「蒸一個梨花得了多長時間？可她連這點小事都不肯做，她根本就沒把我放在眼裏。」說完，後母就哭起來。

曾參一聽很生氣，立即問妻子是不是有這回事。

妻子低頭承認了，但解釋說自己實在太忙了，孩子不舒服，要哄孩子，被子髒了，要洗要曬……因此蒸梨時有些疏忽。

但曾參根本聽不進去，當即寫了一紙休書，把妻子趕出了家門。

聽了之後，我覺得又可氣又可笑。真沒想到，天下竟然有這樣的書呆子！我忍不住說：「婦人須犯『七出之條』，才可休她，可蒸梨並不在『七出』之列啊！」

曾參看了我一眼，又膽怯地看了老師一眼，也許是想藉機辯解，便說：「不錯，蒸梨是小事，但我都交代了，她卻不聽，小事她都敢如此，大事誰敢保證？這樣的婦人我怎麼敢留！」

老師一聽，剛剛平息了一點的怒火又燃起來：「人非聖賢，誰能無過？過而能改，善莫大焉！你們是情深意厚的結髮夫妻，你怎麼能為蒸梨這種小事就把她休了呢？禽獸尚且知道恩愛，你難道不知道嗎？」

曾參卻還要辯解：

我這也是在行您教育的孝道啊！我不但想教育她，也想教育所有女人，如果不懂孝道，會有怎樣的結果！

談到孝道，老師的火氣更大了，又提起當初曾參因為鋤地時鋤斷瓜秧被父親痛打，卻一點都不躲避，差點被父親打死，還自認是行孝的事。這在同學當中已成了有名的典故之一。

這時，站在一旁的小子思說話了：

爺爺，您別責怪老師了。您剛才不是說了，過而能改，善莫大焉！我想老師以後會改的！

也許知道曾參比較愚鈍和固執，老師明白過多指責也沒有用，於是說：「曾參啊，你很努力，在很多方面也很出色。我讓子思跟你學習，一方面是因為你很用功，另一方面是因為你是學了就身體力行的人，比如你為了不在兒子面前失信，竟然殺了一頭豬給他吃（詳見《活學秘笈》第叁班），所以我格外信任你。殺豬的事，我認為你做得好，但休妻的事，卻做得不對。為什麼是一對一錯，你想過嗎？」

但曾參眼中卻一片茫然。

老師只好繼續開導他：「在教育你們時，我將學會做人作為最重要的內容之一。做人的精髓是什麼？是仁義！你一定要懂得這四個字：『仁者愛人』！而仁義的本質是愛啊！不管什麼樣的人，我們都要學會尊重他、愛他。不能因為他的地位低就瞧不起他，也不能對他言而無信，更不能不關心他的感受，對他隨意懲罰。」

接着，老師又說：

我問你，假如你犯了一點小錯，我就把你趕出學堂，不讓你再跟隨我學習，你願意嗎？

當然不願意。

那為什麼你妻子只是犯了一點小錯，你就要把她趕走呢？

不僅如此，老師還步步緊逼：「你是人，她也是人，作為人，她的情感是不是也該受到尊重呢？假如你犯了一點錯，我就把你趕走，你肯定無法接受。同樣的道理，你妻子因為一點小事，你就把她休了，她心裏該有多麼傷心難過！」

這時，門外突然傳來一個聲音：「夫子講得太好了！您就是仁者愛人的榜樣。」

我回頭一看，說話的原來是老師的馬夫原也。

原也含着眼淚說：「昨晚我家裏有事，快天亮了我才睡了一會兒。加上這幾天比較忙累，所以今天在馬廄旁邊睡着了。不知道誰不小心在馬廄裏掉了一點小火星，把馬廄燒着了。我被驚醒後，首先去搶救馬，幸虧尚算及時，馬只受了一點小傷。但我知道這是夫子最喜愛的馬，所以非常緊張，不知道夫子會怎麼懲罰我。我想扣工錢是最起碼的，我甚至做好了收拾包袱走人的準備。」

「誰知道夫子回來後，問的第一句話卻是：『有沒有人受傷？』當得

知大家都安然無恙後，夫子連聲說：『那就好，那就好。』他既沒有先問他的愛馬，也沒有問損失了多少財物。見到我後，夫子也沒有責怪我，而是問清了原因，不但沒有扣我的工錢，還叮囑我以後當心。這樣的做法，是不是仁愛呢？」

原也的話，觸動了「阿木」。他總算想明白了，於是趕緊向老師認錯，並表示馬上去把妻子接回來。

關於「仁者愛人」，老師已經提過不止一次。有一次，樊遲問老師：「什麼是仁？」老師當即回答：「愛人。」而細細回想起來，在老師所有的教育中，其實一直貫穿着「仁」——對人的關心和愛！

曾參鋤瓜秧捱父親打時，老師讓他躲開，是不讓他傷害自己；曾參要休妻，老師希望他不要傷害別人。至於馬廄失火，老師不問最心愛的馬而是先問人有沒有事，這都是處處把人擺到最高的位置！

雖然老師批評的是曾參，我卻不得不反思自己：口才出眾的我，以三寸不爛之舌去「征服世界」，有時講的是「利」，更多時候講的是「理」。

但我有多少時候，把「仁者愛人」的愛放到重要位置呢？

很多時候，我們不單單要講理，更要講愛啊！

1. 馬廄火災，孔子不問馬而問人的故事，見於《論語‧鄉黨第十》。2. 曾參休妻的故事，見於《孔子家語‧七十二弟子解第三十八》。

# 孔子智慧錦囊

做事和做人，其實方式有所不同——做事要有力度，做人要有溫度。

所謂溫度，就是要有人情味，甚至要讓人感覺到愛。

「仁者愛人」的觀點，最早出於《論語‧顏淵》：「樊遲問仁，子曰『愛人』。」後來，孟子又做了更細緻的闡述：「仁者愛人，有禮者敬人。愛人者，人恆愛之；敬人者，人恆敬之。」

由此可知，對於孔子和孟子來說，「愛人」是道德仁義的核心。可後來不少號稱仁義道德的人，卻有不少變異，其實就是把「愛」丟到了一邊。

在我們身邊甚至我們身上，也能經常看到一些缺乏愛的行為。如用滿口的條條框框和道理去「教育」和指責別人，其實卻像曾參一樣，對別人期望得到愛和尊重的需求茫然不知，或者知道了也不在乎。

那麼，我們應該怎樣去體現「愛」呢？

第一，平等待人：人人都是平等的，沒有誰比誰低。

第二，真誠待人：不戴面具，不作假，讓人感到你的誠懇。

第三，熱情待人：讓人感覺到你不是冷冰冰的，而是只要和你在一起，就能感到你所創造的溫暖。

第四，寬厚待人：包容他人，不計算別人。

第五，關心待人：盡可能了解別人的困難和需求，並提供幫助。

第六，溫柔待人：即使意見和別人不同，也能堅持原則，以理服人。

## 手造備忘錄

1. 我從近期的傳媒報道中看見以下三則充滿人情味的新聞：

   ① _____

   ② _____

   ③ _____

2. 我的父母曾經做過這件事：_____，
   讓我感到溫暖。

   為了報答他們，我決定做這件事：_____

樊遲問仁。子曰：「愛人。」

《論語・顏淵第十二》）

# 第二堂 吃桃的法則

老師違背魯國君臣認為的「常規」吃水果，實際上是要告訴大家「君子」與「小人」的區別。

老師怎麼會犯這樣的錯誤！看來，這次是真的要丟臉了！

我看着眼前的情景，心中暗暗替老師擔心。

回頭再看看冉求，我發現他比我更緊張，額頭上已冒出汗珠來。

老師是怎麼啦？是年紀大了一時反應慢，還是真的不知道規矩呢？

這是我們周遊列國回到魯國後，老師和魯國國君魯哀公第一次見面。

幾句客套話後，場面一下子冷了下來。為了打破尷尬的氣氛，魯哀公吩咐道：「快，快，給夫子送點吃的過來。」

侍從很快為老師端上一盤鮮紅的桃子，還有一小碟新鮮的黍。

老師先吃了點黍，然後又拿起一個桃子，有滋有味地吃起來。

我突然發現冉求的神色有點不對，而哀公左右的人都在捂着嘴笑。

哀公也笑了，說：「夫子啊，您的確離開魯國太久了。黍是用來擦拭

桃子的，不是用來吃的。」

這一下，別說冉求，我們都感到很尷尬，心想老師怎麼連這個都不懂啊，這下可出醜了。

誰知道老師卻面不改色，一邊繼續吃着桃子，一邊不緊不慢地說：「我知道。但黍是五穀中最好的東西，祭祀時都把它當成上等祭品。果品有六種，桃子是最低下的一種，祭祀時根本不用。我聽說，君子應該用低賤的東西去擦拭珍貴的東西，而不用珍貴的東西去擦拭低賤的東西。如果拿五穀中最好的東西去擦拭水果中最賤的東西，就是以上等擦拭下等，這樣做可不符合禮教啊，所以我不敢以黍擦拭桃子。」

老師一番話，輕輕鬆鬆就將尷尬的場面化解了。儘管直到今天，我也不知道老師是否真的知道這種新吃法。

這下反倒令魯哀公不好意思起來，於是他正襟危坐，說：「夫子是想以此來告訴我治國之道吧？我正想洗耳恭聽呢！」

老師聽了，便問他一個問題：

您覺得，在一個國家中，什麼最重要呢？

魯哀公欲言又止，看得出來，他是怕說不好給自己丟臉。

於是，老師便問他是否知道鄭國子產設鄉校的事。

魯哀公點了點頭。

子產是鄭國的宰相，曾經開設鄉校。後來，到那裏去的人經常批評和議論政事，因此國君想把鄉校毀掉，卻被子產阻止了。

魯哀公說：「我覺得鄭君的想法沒錯，那些小民，無事生非，有什麼必要讓鄉校存在呢！可惜他的想法沒有實行，想必也是子產不仁、權力太大的緣故吧！」

聽了魯哀公的話，我差點笑出來。魯哀公雖為國君，但實際上大權卻旁落在季孫氏手裏。可能他以為天下的國君都像他一樣，大權都掌握在大臣手裏吧！

老師對魯哀公說：「事實上，真正的原因是子產認為毀掉鄉校弊大於利。老百姓閒時在那裏偶爾談論政事，也沒什麼不好。政令的推行，也可以聽聽百姓的意見，說得對，就改進，有好的建議，就推行，說得不對，就加以引導。如果不顧老百姓的想法，只是一味地強迫他們服從，甚至採用嚴酷的刑法禁止他們發表意見，就會堵塞老百姓的怨恨。結果就如同堵塞洪水一樣，如果大規模決堤，就會引起很大的災難。倒不如採取像鄉校這樣的小規模疏通方式比較好。您覺得子產的話有道理嗎？」

魯哀公一時不知怎樣回答，嘟嘟囔囔不知說些什麼。

這時老師又將剛才問魯哀公的話，重新問了一遍：

您認為一個國家中，什麼最重要呢？

「應該是國君吧？」

哀公用期待的眼神看着老師，但不知是怕自己的觀點不對，還是害怕季氏等權臣，所以他講得有些遲疑。

「從禮的角度上來講，這是對的。但從仁的角度來說，一個國家最應

該重視的是百姓。國君和老百姓的關係，是舟和水的關係，國君是舟，老百姓是水。水可載舟，亦可覆舟啊！」

這是我聽到的關於治國最精彩的觀點之一。其實在周遊列國時，老師就不止一次向一些國君講過同樣的觀點。

本以為這會讓魯哀公有所感悟，但遺憾的是，他除了客氣地點頭之外，並沒有別的表示。

接着，老師又問他是否知道「秦穆公失馬」的故事。

這一下，魯哀公興致勃勃，說：「我最喜歡聽故事了。不過我孤陋寡聞，還是請夫子講給我聽吧！」

老師便給大家講了這個故事：

有一次，秦穆公在王宮外丟失了自己的駿馬，於是親自去找，結果發現馬已被人殺掉，那些人正一起吃煮熟的馬肉。

當得知自己吃的是秦穆公的馬時，那些人認為恐怕是死罪難逃了，因此非常驚恐。

誰知道秦穆公不僅沒有懲罰他們，還對他們說：「我聽說吃駿馬的肉不喝酒是會生病甚至死人的。」於是還特意賞賜了酒給他們喝。

過了三年，晉惠公率軍攻打秦國，秦穆公帶兵迎戰。開始時，雙方勢均力敵，但後來晉軍愈戰愈猛，最終將秦穆公圍困住。

就在這時，一隊救兵從天而降，衝進包圍圈將秦穆公救了出來，而且愈戰愈勇，最終和秦軍一起打敗了晉軍，並擄獲了晉惠公。

原來這支獨特的「救兵」，就是當初那些偷了秦穆公馬的人。眼看着秦軍就快戰敗，他們一致表示：「當初我們偷了君王的馬，他不僅沒有懲罰我們，還賜酒給我們喝，現在是我們為君王拚死作戰報答他的時

候了。」

講完之後，老師問魯哀公有什麼感想，魯哀公笑容滿面，連連稱道：「好啊好啊，這個秦穆公太會做生意了。如果以後有人偷我的馬，我也賜酒給他們喝，而且還要多給一些。」

他的話，引起了一些大臣諂媚的笑聲。

老師講這個故事，很明顯是要說明「仁者愛人」、要處處以人為先的道理。可不知道魯哀公是真不懂還是故意裝傻，說的話完全跟這些風馬牛不相及。

老師只好耐心地為他總結了一個「古之為政，愛民為大」的觀點，意思是為政者，無論什麼時候都應該把老百姓放在第一位，就像剛才應該先吃黍再吃桃子一樣，順序不能夠顛倒。

最後，老師又說：

君子和小人的區別，就是君子以人為先，小人以自己為先。懂得這點，是為國為君之道，也是為人處世之道。否則，就會像夏桀、商紂王那樣，最後都不知道是為何丟了性命。

儘管魯哀公不斷點頭，但看得出來，他這麼做純粹出於禮貌，實際上並沒有聽進去。這樣再談下去也不會有什麼結果，於是我們就告辭了。

1. 孔子先吃黍後食桃的故事，見於《孔子家語‧子路初見第十九》。2. 魯哀公問政的故事，見於《禮記‧哀公問第二十七》、《孔子家語‧賢君第十三》。3. 鄭國子產設鄉校的故事，見於《孔子家語‧正論解第四十一》。4. 水可載舟亦可覆舟的故事，見於《孔子家語‧五儀解第七》。5. 秦穆公失馬的故事，見於《淮南子》。

## 孔子智慧錦囊

「人人為我，我為人人」是出自法國文豪大仲馬作品《三劍客》中的名句，也是香港五十年代粵語片中的金句，表現小市民守望相助的精神。在日常生活中，有許多人都為我服務，而我也應盡能力為他人服務。利己先要利人，這就如同孔子老師先吃黍再吃桃子一樣，順序不能顛倒。你給予別人的幫助愈多，得到的也會愈多。

一個人是君子還是小人，在根本上看他是以自己為先還是以別人為先。事事以自己為先的人，不可能有大的作為，而處處以別人為先的人，總能得到別人最多的幫助，獲得不一樣的機會和發展。

手造備忘錄

1. 在我的家庭中,哪三位家庭成員最重要?

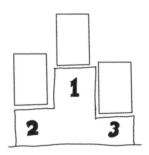

　　這樣排名的依據是:＿＿＿＿＿＿＿＿＿＿＿＿＿＿＿＿＿＿＿＿

2. 我認為公共交通工具上 □需要 □不需要設有優先座
　　或關愛座,因為:＿＿＿＿＿＿＿＿＿＿＿＿＿＿＿＿＿＿＿＿

子曰：「君子懷德，小人懷土；君
子懷刑，小人懷惠。」
　　　　　　（《論語・里仁第四》）
子曰：「夫仁者，己欲立而立人，
己欲達而達人。能近取譬，可謂仁
之方也已。」
　　　　　　　　（《論語・雍也第六》）

## 第三堂 萬能的秘訣

齊桓公喜歡穿紫色衣服，全國上下都爭相效仿；他帶頭不穿了，大家也就不跟風了。

一個老翁因為自己的愚蠢而被騙，所以自己所在的山谷被稱為「愚公谷」，齊國的宰相管仲聽到這件事後，首先想到的是自己管理不力。

老師用齊國兩個著名君臣的故事，向季康子闡述了「修己以安人」的價值。

事隔多年，我還是忘不了季康子那次見老師的尷尬表情。

他本想營造一個和老師見面的最佳氛圍，沒想到卻被自己的一個小舉動破壞了：我們登門拜訪的時候，正好碰上他在鞭打自己的僕人。

他那氣急敗壞的模樣看上去很沒風度，不了解他的人，很難想像他竟然是當今魯國的宰相。

當時的情景，讓擔任季康子家臣的冉求很不好意思。畢竟，今天來

拜訪的人，不是別人，而是他的老師，一個最講禮貌和風度的人。

冉求一邊揮手示意讓被打的僕人馬上離開，一邊趕緊過來迎接我們。

坐下後，季康子命人奉上熱茶，一邊喝茶一邊客氣地向老師請教：「儘管您離開魯國很久了，可您當初擔任中都地方官和司法部長時做的很多事，至今仍讓人難忘，尤其是那種夜不閉戶、路不拾遺的情景，簡直就是天堂。我很想向您請教，怎麼治理才能達到您當時的那種效果？」

坦率地說，老師在周遊列國後能回到魯國，和季康子的重視並向魯哀公進言有關。當時魯國被別的國家攻打，形勢危急，後來在冉求的幫助下，季康子打敗了強敵。當季康子問冉求的才能是向誰學習時，冉求告訴他都是得益於老師的教育。於是，季康子想起多年前老師治理中都邑和魯國時的功績，最終老師又被請回到魯國。

季康子的熱情讓人感到他和魯哀公不一樣，似乎真的想做一番大事業。

老師沒有直接回答季康子，而是喝了一口茶，問他為什麼對僕人那麼生氣。

「不瞞您說，魯國不僅外面偷盜案件多，我家裏也被盜了。不過說起來真讓人難以置信，偷東西的竟然是家裏的兩個奴僕。」

「就是你剛才責打的那兩個人嗎？」

「是啊。本來家醜不可外揚，但既然您提到了，我也就直說了。那兩個狗奴才，我對他們不薄，可他們竟然勾結起來，一次次把我庫房的東西偷出去賣掉。」

季康子愈講愈氣，說：「更可惡的是，當我問他們為什麼要這麼做時，其中一個狗奴才居然振振有詞，說什麼我家裏從外面獲取的東西太

多，幾輩子也花不完。言下之意是，他們要幫我花掉。您想想，這是什麼歪理？我一時氣憤，忍不住動手打了他們。讓您見笑了。」

其實在拜訪季康子之前，我們就聽到不少傳聞說季康子貪婪暴斂。而從他剛才的話中可以判斷，這些傳聞並非空穴來風，甚至還成為他家奴僕偷東西的一個理由。

於是，當季康子擺出求賢若渴的姿態，問老師最值得借鑒的治理之道是什麼時，老師脫口而出：「修己以安人。」

「夫子可否詳細為我解釋一下？」

修己，就是加強自我修煉和修養，而安人，就是讓人安心、安樂。要成為君子，就要加強自我修煉和修養，以使人安心和安樂。

「就這麼簡單嗎？」

「對，就這麼簡單。」

我突然忍不住笑了起來。季康子問我笑什麼，我說這樣的問題，其實子路早就問過了。當時的情景是這樣的：

子路問老師：「如何才能成為君子？」

老師回答說：「修己以敬人。」也就是要好好修煉自己，保持嚴肅恭敬的態度。

子路又問：「這樣就夠了嗎？」

老師說：「修己以安人。」

可子路還不滿足，又問：「就這麼簡單嗎？」

老師說：「修己以安百姓。」

看子路好像還要發問，老師便乾脆把話說完：

修煉自己以安定百姓，讓百姓過上幸福的生活。就連堯、舜這樣的聖賢之君，還憂愁在這件事情上沒有做好呢！如果能做到這一點，難道還稱不上君子嗎？

我一番活靈活現的描述，讓大家都忍不住笑了。

老師接着闡述：

所謂政治的「政」，首先是正確的「正」，如果管理者能端正自己，就能體現修己以安人啊！

看季康子聽得頗有興致，老師又講了一個齊桓公的故事。

齊桓公喜歡穿紫色衣服，於是齊國朝野上下競相效仿，導致紫色絲綢的價格大幅上升，甚至比本色絲織品的價格高了五倍。

這個情況傳到齊桓公那裏，他開始憂慮，於是問管仲該怎麼辦。

管仲建議齊桓公不再穿紫色衣服，並對臣子說自己很厭惡紫色衣服的氣味。

齊桓公按照管仲的建議去做，當天宮中就沒人穿紫衣服了。第二天，整個都城都沒人穿紫衣服了。第三天，全國都沒人穿紫衣服了。

老師講完後，季康子連連點頭稱有道理，但隨即話鋒一轉：「您講得很有道理。但這是關於國君的故事，可惜我們的國君不在這裏，否則對他的啟示一定會很大。」

儘管季康子還是滿臉堆笑，但那一瞬間，我卻覺得有點噁心：不管怎樣掩飾，他都無法掩飾自己的虛偽。

誰都明白，老師的故事，是針對所有管理者而言的。換言之，也是在提醒他。不知季康子是真的反應遲鈍還是故意裝傻，想必是後者吧！

但老師不動聲色，接着又講了一個故事。

一次，齊桓公在打獵時，因追逐一頭鹿而到了一個山谷，遇到一位老翁，就問他這裏叫什麼谷。

老翁回答說叫「愚公谷」。

桓公覺得很奇怪，就問他為什麼會叫這個名字。

老翁說這個名字是因他而得。以前他養了一頭母牛，後來生了一頭小牛。小牛長大後，他把小牛賣掉了，又買了一匹小馬。這時有個不良少年見了就說：「牛不能生馬，這匹馬肯定是你偷來的。」

老翁覺得辯不過他，只能任由少年將小馬牽走了。鄰居聽到這件事後，覺得他很愚蠢，便把這個山谷叫作「愚公谷」。

第二天上朝時，桓公將這件事當成笑話講給管仲聽，不料管仲卻整了整衣襟，嚴肅地拜了兩拜，說：「這不是老人的愚蠢，是我管仲的愚蠢啊！假如堯還在位，咎繇掌管司法，哪會出現搶人家馬駒的人呢？即使遇到強橫的人，即使那個老翁再軟弱愚蠢，也一定不會給他。我想，可

能那位老翁知道司法還沒走上正軌，所以就給了他吧。我請求修明政治和法律。」

講完這個故事，老師問季康子有什麼感悟。

我們都聽出來了：管仲不是君王而是臣子，面對問題，他首先從自身去找原因，這種態度，正好是季康子這樣的臣子應該學習的榜樣。

但季康子卻只是半瞇着眼，似聽非聽。氣氛一下子僵持起來。

一看這樣的局面，我決定乾脆幫老師捅破那層「窗戶紙」，就說：

記得老師也曾經給我們講過這個故事，老師當時說，儘管管仲是一個非常賢明而能幹的大臣，幫助桓公稱霸天下，位高權重，但一聽說出了問題，首先反思的是自己哪點做得不好，並下決心改正，這才是真正的「修己」！

季康子沒有接話，而是直接問了一個問題：「魯國偷盜的人很多，該怎麼辦？」

這事倒是真的。由於治理無方，魯國這段時期偷盜案很普遍。這和老師以司法部長行宰相之職時路不拾遺的民風，真有天壤之別。

老師回答說：「他人不安，百姓不安，往往是官員自己有不足。盜竊的問題，往往來自官員過於貪求。假如當官的不貪求，即使獎賞人去偷竊，人們也不會做。」

老師接着總結說：「其身正，不令而行；其身不正，雖令不從。」

老師的意思很明顯：當政者如果自身行為端正，即使不發佈命令，事情也行得通；當政者如果本身行為不端正，即使三令五申，百姓也不會信從。

然而，話不投機半句多。我們看出來了，季康子想的，是如何通過治理他人以達到老師當時治理魯國時的效果，而對於老師告誡他首先要從自己做起，卻半點也聽不進去。這樣的交流，有什麼用呢？

看到季康子冷淡下來，我們知道說再多也沒有用，於是就告辭了。

1. 齊桓公喜歡穿紫衣的故事，見於《韓非子·外儲說左上》。2. 愚人谷的故事，見於《孔子集語·論政九》、《說苑·政理》。3. 季康子問政的故事，見於《論語·為政第二》、《論語·顏淵第十二》。4. 子路問君子的故事，見於《論語·憲問第十四》。

## 囊 孔子智慧錦囊

「修己以安人」的理念出自《論語‧憲問》，是孔子最重要的理念之一，也是處理好人際關係的重要秘訣之一。

人和人之間發生矛盾，或者想得到別人支持卻做不到，往往來自我們個人的修行不夠，導致他人對我們有防備或對立。如果能下決心從自己開始改進，往往能產生非常明顯的效果。

我們不妨來看看下面一個故事：有個初中女學生一直很好強，一次她在競選班長時落選了。回家後便向爸爸哭訴，說如何不公平，競爭對手對自己如何不好等等。她本想得到爸爸的安慰，不料爸爸卻嚴肅地對她說：

「這肯定有你自己的原因！」

那一瞬間，她覺得很委屈，忍不住大哭起來。但冷靜後一想，覺得爸爸講得有道理。於是，她從這次事中反思自己的缺點，並從此養成出現問題先找出自身原因的習慣。她發現這樣做，和別人的矛盾減少了，人際關係變得更加和諧，更因此得到更多人的支持。

所以，出現問題，先從自身找原因，要改變他人，先改變自己！──假如你能這樣做，就把握了「修己以安人」的秘訣。

## 手造備忘錄

1. 我心目中令人信服的班長是這樣的：
   ☐有責任心　☐熱心幫助同學　☐寬容待人
   ☐有好的學業成績　☐嚴於律己　☐其他：＿＿＿＿＿＿

2. 最近這件事讓我感覺挫敗：＿＿＿＿＿＿＿＿＿＿＿＿
   於是我嘗試從自己身上找原因：

季康子問政於孔子。孔子對曰：
「政者，正也。子帥以正，孰敢
不正？」
　　　　（《論語·顏淵第十二》）
子曰：「其身正，不令而行；其
身不正，雖令不從。」
　　　　（《論語·子路第十三》）

# 第四堂 冉求闖禍了

冉求幫季康子巧立名目，向老百姓徵收新的賦稅，被老師嚴厲責罵，甚至叫大家對他「鳴鼓而攻之」。

儘管大家也覺得冉求不對，但還是認為老師太過嚴厲。

於是，老師講述了多年前自己在泰山經歷的一件事，讓大家明白他這樣做的原因。

我正要去見老師，誰知剛進門，就和一個人撞個滿懷。抬頭一看，原來是冉求。

他滿臉通紅，眼裏似乎有淚花。

我忙問他：「你怎麼啦？」

他看了我一眼，什麼也沒說，一低頭就出去了。

發生什麼事了？

這時，只聽見老師憤怒的聲音從裏面傳來：

這小子不是我的學生！以後大家哪怕敲鑼打鼓攻擊他都可以！

我吃了一驚，老師是最有修養的人，從沒這樣大聲說過話，更沒對學生發過這麼大的脾氣。

聯想到剛才冉求的表情，我想這件事肯定和他有關。

這就奇怪了，老師不是一直都很器重冉求，覺得他很有才能嗎？冉求在季康子家擔任管家多年，我們能夠結束漂泊動盪的生活回到魯國，他可是關鍵人物。

這時，顏回出來了，他示意我們先別進去，等老師平靜下來再說。

我悄悄問他怎麼回事，他歎了口氣，輕聲說：

也難怪老師生氣，本來季康子徵的稅就夠多了，現在冉求居然又幫他巧立名目，要向老百姓徵收新的賦稅。

有這種事？

但我仔細想想，覺得也不足為怪。季康子名聲本來就不太好，冉求跟隨他多年，難免會受他影響。

老師拜見魯君，沒有受到重用。我們和季康子的會面，同樣是不歡

而散，他照樣橫徵暴斂。沒想到，在這種橫徵暴斂中，冉求居然扮演了幫季康子巧立名目向老百姓徵收新賦稅的角色。

一直以來，魯國實行的都是丘賦之法，也就是每一丘根據田地和財產，徵收一定數量的軍賦。為了斂財，季康子以將討伐「逆臣」顓臾為名，要解決「倉廩空虛，軍費不足」的問題，並將任務交給冉求。

於是冉求煞費苦心擬訂了一份改丘賦為田賦的計劃。也就是將田地和財產分開，各為一賦，叫作「田賦」。這樣一來，老百姓的負擔將增加一倍，而季康子的收入也將增加一倍。

季康子看了冉求的計劃後大加讚賞，並讓他將伐顓臾和改田賦的事一併與老師商議，因為老師是國老，受百姓景仰，有老師的支持，新政更容易實行。

冉求於是前來拜見老師，陳述了很多非如此不可的理由，結果卻被老師狠狠地批評了一通，並對他說：「現在國家的田地半數已歸季氏所有，但慾壑難填，何時是個盡頭呢？你要勸勸他啊！」

冉求聽了沒有作聲，只是點點頭便離開了。

老師原以為冉求一定會勸阻季康子，沒想到一個月後，老師到鄉下散心，卻發現新的田賦政策已經實行了，老百姓因此怨聲載道。

這讓老師十分生氣，於是把冉求叫來，好好教育了一番，冉求卻一再爭辯，並說這是季康子的意思，自己無能為力。

老師忍不住火冒三丈，將他痛罵了一頓，這就出現了我前面剛要進門，就聽見老師怒罵冉求以及冉求含淚而去那一幕。

這時，老師打開門，對我們說：「你們都進來吧！」

看得出老師餘怒未消，他又一次強調說：

冉求不再是我的弟子！我的弟子只能助善為賢，不能助紂為虐！如果冉求不知悔改，你們怎麼攻擊他都不過分！

　　儘管我們覺得老師的話有道理，但還是為冉求抱不平。畢竟冉求也是老師最得意的弟子之一，何況我們能回魯國，他功不可沒。

　　另外，冉求也有自己的難處，畢竟在別人手下做事，有些事是身不由己的。

　　於是，幾個年輕同學開始為冉求求情。老師默默地看了大家一眼，講了一件發生在十幾年前的事。

　　有一次，老師和弟子經過泰山腳下。時值深秋，晚風冰冷刺骨，伴隨着陣陣狼嘷虎嘯。突然，從遠處山坳裏傳來一個婦人淒慘的哭聲。

　　老師年輕時當過吹鼓手，常替人辦喪事，從哭聲中料定婦人是在哭新亡的兒子，於是下車，朝着哭聲傳來的方向走去。

　　走近一看，只見一位婦人伏在一座新墳上號哭，旁邊還有幾座連着的舊墳。

　　老師上前勸慰婦人一番，然後問婦人墳裏埋的都是什麼人。

　　婦人泣不成聲地說，她家以打獵為生，而泰山虎狼橫行，常常傷害人命。她的老丈人十年前被老虎吃掉了，只找回來幾塊骨頭。兩年前，她的丈夫又死於虎口，連塊骨頭都沒剩下。而就在前幾天，她十幾歲的兒子也被老虎吃掉了。

婦人愈說愈傷心，止不住又大哭起來。

聽完婦人一家悲慘的遭遇，老師和同學也流下眼淚。

子路問她：「你明知山中有虎，為何不離開呢，這樣不就可以保住你的兒子了嗎？」

沒想到婦人卻說：「我們原先住在山腳下的村落，靠種田維生，但那裏的貪官擾民，苛政下生活艱難，才搬到這裏。這裏雖然有虎，卻沒有苛政，沒有貪官啊！」

老師聽了婦人的話，不禁沉思很久，然後對所有弟子說：

苛政猛於虎啊！一處有虎，尚且不能將全部人吃掉，但一處有苛政，卻無一人能倖免！將來你們有機會出仕為官，一定要善待百姓！

聽完這個故事，我們都沉默了，也開始明白為什麼老師會對冉求的事如此生氣。

不知什麼時候，老師眼中已經閃爍着淚花。他強調說：「君子喻於義，小人喻於利……不義而富且貴，於我如浮雲。」

接着，他又說出了為什麼要這樣對待冉求的理由：「君子成人之美，不成人之惡。小人與此正好相反。大家如果做不到像周公那樣處處為別人着想，不能為善的事業奮鬥付出，但起碼不能助紂為虐！」

這時有個小師弟怯怯地問道：「老師，平時講這話容易，但如果別人強迫我們呢？」

老師堅決地說：「三軍可奪帥也，匹夫不可奪志也。志士仁人，無求生以害仁，有殺身以成仁啊！」

在那一刻，我看到老師對仁愛的真正追求，更看到他維護仁愛精神的堅毅。

1. 孔子責罵冉求助紂為虐的故事，見於《論語‧先進第十一》。2. 苛政猛於虎的故事，見於《孔子家語‧正論解第四十一》。

## 孔子智慧錦囊

做人的底線之一，就是不做壞事。而很多大惡的形成，往往就是小惡的彙集。

惡的事情，我們不僅自己不要去做，同時也不要助紂為虐。

也許有人會以「身不由己」替自己找理由，但當我們真正能看淡個人得失，自覺當「以人為先」的君子，不當「以己為先」的小人，那麼，任何時候我們都不會助紂為虐。

1. 如果我發現有同學「兼職」做水貨客，我會對這位同學說：

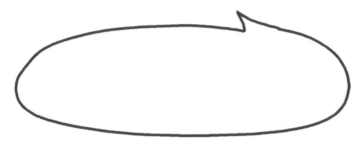

2. 當我見到有同學被其他同學欺凌時，我會這樣做：

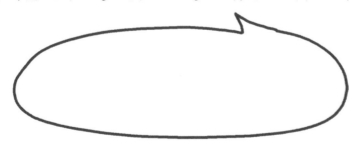

子曰：「君子喻於義，小人喻於

利。」

（《論語‧里仁第四》）

子曰：「不義而富且貴，於我如

浮雲。」

（《論語‧述而第七》）

子曰：「君子成人之美，不成人

之惡。小人反是。」

（《論語‧顏淵第十二》）

子曰：「三軍可奪帥也，匹夫不

可奪志也。」

（《論語‧子罕第九》）

子曰：「志士仁人，無求生以害

仁，有殺身以成仁。」

（《論語‧衛靈公第十五》）

# 子羔有救了

在衛國政變中，固執的子路死了。而原本看來必死無疑的子羔，卻順利脫身。

更讓人覺得不可思議的是，救他的，竟然是一個曾經被他施過砍腳刑罰的人……

自從老師拜訪魯國國君和季康子卻沒有得到重視之後，老師已經看出自己再也沒有可能獲得實現政治理想的舞台，於是全身心投入教育，傳授「仁者愛人」。

但也有同學提出：「仁者愛人」，主要是針對有權有勢者而言吧，我們普通人，如何去實踐？

而其貌不揚的子羔，用親身經歷給所有同學作了最生動的示範。

衛國發生政變後，子羔從戰亂中逃出來，他向老師和同學講述了子路慘死的情景（詳見《爭氣秘笈》第叁班），也談到自己逃難的經過。

子路被殺後，同為老師學生的子羔便成了首先被追捕的對象。眼看

着追兵愈來愈近，他好不容易想盡辦法逃到城門邊，想蒙混出去。正當他暗自鬆一口氣的時候，卻被守城門的人發現了，更糟糕的是，這位守城人還認識他。當時他心中暗暗叫苦，心想這下完了，看來自己注定是在劫難逃了。

因為那位守城人不是別人，正是曾被子羔判過重刑、雙腳被砍掉的人！

出城，已經是不可能了，而往後退，追兵已近，看來左右都是死路一條了！

到底該怎麼辦？

就在子羔陷入絕境的時候，讓他意想不到的事情發生了：那位守城人，竟然一臉和善地輕輕招手示意他過去。

子羔有點不相信自己的眼睛，於是猶猶豫豫走了過去，只聽見守城人說：「快點，追兵一到，你就跑不掉啦！」

說完，便匆匆忙忙將子羔帶到旁邊的一間小屋裏，讓子羔躲進了柴垛：「暫且委屈您一下，等追兵走了您再出來。」

情急之下，子羔沒有別的選擇，只能躲進去。

但他心中還是忍不住打鼓：不會是個騙局，到時來個甕中捉鱉吧？

唉，橫豎是個死，就聽天由命吧！

追兵很快就到了，他們大聲詢問守城人，守城人堅稱沒有見過子羔。更可怕的是，有兩個追兵竟然來到子羔躲藏的小屋前。那一刻，子羔覺得自己的心臟都快跳出來了。幸好兩個追兵只是看了一眼，沒有仔細搜查就離開了。

確認追兵已經走遠後，守城人才把門打開，說：「子羔先生，您可以

出來了。」

驚出一身冷汗的子羔連連向守城人道謝，但還是忍不住問他：

當初我判你的罪，下令砍掉你的腳。現在我逃亡，原本是你報仇的最好時機，你為什麼反而要幫我呢？

守門人說：「我當時違反了法令，是罪有應得。您作為執法官，治罪時不像別的執法者那樣冷酷無情，而是心情沉重，臉上充滿悲憫和同情。這一幕我看在眼裏、記在心裏。判我的罪，是您的職責所在，而您臉上的悲憫，卻是仁愛之心的體現，所以我並不恨您，反而很敬重您！」

我曾經聽老師說過：子羔其貌不揚，但思考問題全面細緻，處理問題靈活，但具體情況我並不了解。

聽完子羔這段經歷後，我覺得老師所言一點不虛，對子羔更是由衷地敬佩。

最令我感到震撼的是，當初一個悲憫的表情，竟然讓子羔逢凶化吉、死裏逃生！

聽完子羔的講述，老師感慨地說：「你們很多人都想在官場上有所作為，有一點一定要記住：善於當官的人樹德，不善於當官的人樹怨。你們一定很感慨，子羔能夠脫險，竟然源於一個關心人的表情。我想讓大家做個小測試：各自找一位同學，嘗試用眼神流露對對方的關心。」

這實在易如反掌，大家互相試了一下，其實要做到並不難，當然也

有個別同學覺得有點不自然。

老師接着又問：

 你們設身處地想想，如果你們是子羔，你們能從內心對一個犯人流露出悲憫和同情的表情嗎？

我想了想，斷定自己做不到，於是搖了搖頭。大多數同學也都搖了搖頭。

「為什麼做不到呢？」老師問。

子張很誠實地說：「因為我覺得他犯了罪，罪有應得，所以難以對他有同情心。」

同學紛紛點頭，看來子張的想法很普遍。

於是老師問子羔：「那你是怎麼做到的呢？」

 無他，當時我只是站在他的角度想：因為自己的一時衝動，鑄成大錯，受到這麼重的懲罰，真是悔之不及。我還設想：家裏還有親人，肯定會因為自己而受到牽連，今後的生活該怎麼辦……這樣一想，不知不覺就同情他了。

老師說：

一個小表情，說難也很難，但說容易也很容易，如果能像子羔這麼想，就會從心底流露出來。所以，仁愛的舉動，首先來自你有仁愛之心！「仁遠乎哉？我欲仁，斯仁至矣。」——只要我們下決心做到仁，仁就來了。子羔不就是一個很好的榜樣嗎？

　　一個小表情，竟然能體現出大愛，子羔的確給我們很大的啟迪：「仁者愛人」並非一定要做大事，我們可以從身邊、從點點滴滴做起。只要下決心體現自己的仁者之心，不僅每個人能做到，還能隨時隨地做到！

子羔獲救的故事，見於《孔子家語·致思第八》、《孔子集語·論政九》、《說苑·至公》、《韓非子·外儲說左下》等。

　　我們可能會受到條件限制，有時想幫助人卻有心無力。但我們可以像子羔一樣，從不起眼的地方，給予別人真誠而難忘的大愛。

　　在中國傳統文化中，有一個「無財之施」的好理念。

　　「施」是「施捨」，是有功德的行為之一，但一般人認為只有給人錢物才是施捨，其實不是。「無財之施」講的是當你無法將財物施捨給人的時候，還可以做如下的施捨：

　　「慈眼施」——以慈祥、關心的目光注視別人；

　　「笑容施」——給別人一個溫暖的笑容；

　　「愛語施」——給別人一些關愛的言語……

　　這些做起來都不難。在當代，我們還可以有新的「無財之施」，如「電郵施」、「短訊施」、「招呼施」（見面熱情打招呼）等等。

　　其關鍵不在形式，而是要存有這份關愛別人的心，並隨時將這份關愛傳播出去……

1. 我想像故事中子羔的表情是這樣的：

（畫一畫）

2. 我認為 □應該 □不應該 施捨金錢給路邊的乞討者，
   因為：

   _____

3. 當我得知某地發生天災，我希望在學校發起一個募捐
   物資行動，幫助災民。

   以下是我為是次行動設計的標語：

本堂金句

|  |  |  |  |  |  |  |  |  |  |  |  |
|---|---|---|---|---|---|---|---|---|---|---|---|
| 子 | 曰 | ： | 「 | 仁 | 遠 | 乎 | 哉 | ？ | 我 | 欲 | 仁 | ，斯 | 仁 |
| 至 | 矣 | 。 | 」 |  |  |  |  |  |  |  |  |
|  |  |  |  |  | （ | 《 | 論 | 語 | · | 述 | 而 | 第 | 七 | 》 | ） |
|  |  |  |  |  |  |  |  |  |  |  |  |

# 杏壇學生守則一

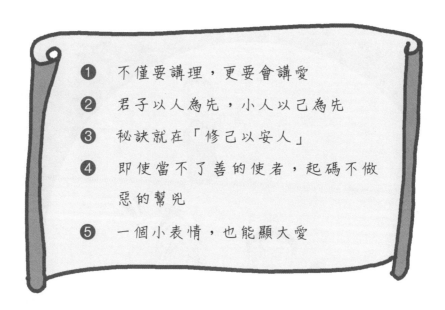

① 不僅要講理，更要會講愛

② 君子以人為先，小人以己為先

③ 秘訣就在「修己以安人」

④ 即使當不了善的使者，起碼不做惡的幫兇

⑤ 一個小表情，也能顯大愛

# 處世大冒險

子路拿自己的俸祿補貼建築工人，被老師制止；君子顏回也有被懷疑的時候；一個資質平平的強盜後代，卻因為老師的激勵而成才；子夏和司馬牛打架，後來卻相互尊重和關心，並得出「四海之內，皆兄弟也」的體會……

　　這一切無不說明：

　　愈不懂得人性，愈易遭遇失敗；

　　愈能懂得人性，愈能創造良好的人際關係！

第一堂

# 保住子路的飯碗

子路出於好心，拿自己的俸祿補貼建築工人。受老師的委派，我以極端的方式制止了他。

子路十分生氣，老師卻告訴他，這樣做可能潛藏着巨大的危險⋯⋯

記得有一次，我把子路師兄的大飯鍋掀翻了！

子路師兄拿着一根大木棍在後面兇神惡煞地追，我在前面一邊氣喘吁吁地逃，一邊哈哈大笑。

子路師兄一邊追一邊罵。

我當然不敢和這位功夫最厲害的師兄過招。

終於跑到老師身邊了，我急忙躲到老師身後。

子路見追不到我，暴跳如雷，將木棍一甩，差點打在老師身上！

子路嚇了一跳，愣了一下，但還想衝過來。只聽見老師大喝一聲：「你們倆幹什麼？還小嗎？在馬路上打打鬧鬧，成何體統？」

一看老師生氣了，我趕緊出來解釋：「我把師兄煮飯的大鍋掀翻了，所以……」

老師聽了，不禁啞然失笑，但還是責罵了我一句：「我命你去阻止他，可沒讓你掀翻飯鍋，這樣做有點過分了。」

聽了老師的話，子路似乎有些疑惑，問：「老師，難道是您讓子貢來阻止我的嗎？」

看老師點了點頭，子路立即嚷道：「老師怎能這樣做，太過分了！」

老師笑着說：「別急別急，讓我先誇誇你治理蒲市的政績。」

這是老師教育的一個很大特點，即使要指出別人的錯誤，也要先肯定他的成績。

蒲市位於衛國邊境，曾發生過叛亂。三年前，叛軍被消滅，衛君要老師推薦一個學生到這裏擔任行政長官，老師便推薦了子路。

對於治理這個人心亂、經濟差的地方，子路師兄並沒有太大的信心，老師便建議他先行「仁義」，再施「教化」。三年以後，蒲市就變了樣。

前幾天，老師聽聞子路師兄補貼建築工人的事，很擔憂，於是立即和我一道起程來蒲市。

一到蒲市，老師就連誇了子路師兄三次。

第一次是剛進入蒲市境內，老師眉開眼笑地說：

哈哈！子路治理蒲市，對百姓很有信用啊！

到了鎮上，他又誇獎：

好啊！子路能寬厚待民啊！

到了子路辦公的庭院，他又說：

不錯！子路明察善斷啊！

還沒見到子路師兄，老師就把他誇到天上，這也太令人納悶了。

老師似乎看出了我的疑惑，說：「剛進蒲市，我看到農作物長得很好，沒有什麼雜草，說明他對老百姓很守信用，就算是邊界之地的老百姓，也能安心耕種，人盡其力；鎮上的房屋錯落有致，樹木茂盛，說明他能寬厚待民，百姓不起偷盜之心；子路辦公的庭院十分安靜，沒有來告狀和要求處理糾紛的人，這說明他明察善斷，所以老百姓不來干擾啊。」

當我把老師的這些話告訴子路師兄時，他樂得合不攏嘴，早把我掀鍋的事拋諸腦後，迫不及待地問：「真的嗎，老師真的這麼說嗎？」

看着子路這麼高興，老師和我都忍不住笑了。

老師從來不失時機，轉換了話題，說：「現在我們來談談你補貼工人的事吧！」

因為有了剛才的一番誇獎做鋪墊，子路師兄的心情好極了，因此爽

快地答應了。

原來，蒲市地勢較低，一到雨季就洪水泛濫。子路上任後，不忍心讓百姓再受洪水侵擾之苦，於是大修排水渠道。

工程開始時進展非常順利，最後卻遇到一個「硬骨頭」：要挖開一段很堅實的岩石，渠道才能打通。這既費力又費時，但雨季就快到了，非盡快完工不可。

為了鼓勵大家的士氣，子路親自帶頭到工地幹活，不分晝夜。不僅如此，見工人實在太辛苦，官府給的工錢又不多，他便用自己的俸祿買了口大鍋，不時做些好飯好菜，免費招待那些工人。

這樣一來，工人心裏都暖乎乎的，一個個幹勁十足，工程也因此進展迅速。

照說，這是件好事，老師卻有不同的看法。

子路忍不住問：

我這樣做，難道不符合老師強調的仁義之道嗎？

看着子路因日夜勞累而消瘦的臉，老師動情地說：

你對待百姓的仁厚之心，老師何嘗體會不到！

「但是，」老師話鋒一轉：

你有沒有想過這其中可能存在巨大的危險呢？

子路一臉迷惑地看着老師。

「你認為對的，老百姓也叫好的事，並不見得掌權者就喜歡，弄不好還會招來殺身之禍啊！」

「老師也太危言聳聽了吧。」

「掌權者最害怕的就是底下人背叛，而他們左右，多的是趨炎附勢的小人，為了往上爬而不擇手段。如果他們在國君面前添油加醋，說你這樣做是想收買人心，意圖謀反，你說得清嗎？」

我的心天日可表，國君怎麼會輕易相信呢？

你的心是天日可表，但別人的心呢？你怎麼肯定國君不聽他們的而聽你的？

老師接着說：「蒲市地處邊境，是出過叛軍的地方，當初衞君為了挑選這裏的行政長官，可謂煞費苦心，這裏任何一點風吹草動，都會引起他的警惕。而且你是我所有弟子中武功最好的，現在卻私自給老百姓恩

惠。站在國君的角度，你想想他會不會起疑心！」

我也趁機接過話頭：

子路師兄，人人都渴求成功，但成功的基礎是懂得避免失敗。我們做任何事都要懂得別人的心理，如果連這點也做不到，不要說成功，恐怕連怎麼失敗都不知道啊。

老師頻頻點頭，說：「在人際關係中，最容易導致失敗的，不是別的，而是不懂得別人的心理，甚至犯了別人的忌諱還不自知。你的做法，可能已經觸及國君的忌諱了，所以要提醒你呀！」

聽過老師的話，子路點了點頭，沉思良久。

1. 孔子、子貢阻止子路的故事，見於《孔子家語‧致思第八》、《孔子集語‧論政九》、《說苑‧臣術》等。2. 孔子誇獎子路政績的故事，見於《孔子家語‧辯政第十四》。

## 孔子智慧錦囊

　　和別人相處，我們格外要重視的，是不要碰到人性的「地雷區」，否則，就會給自己造成極大的傷害。而最要警惕的地雷區，就是別人的忌諱。很多時候，不要認為你所講所做的只是無所謂的小事，對別人而言，卻可能觸及他最避忌的地方。

　　所以與人交流，時刻要警惕自己不碰別人的「心理雷區」，這是成熟的表現。值得進一步提醒的是：別人忌諱的事情，往往不會直說，為了避免觸犯別人的痛處，我們需要觀察和理解的能力！

## 手造備忘錄

1. 我認為把＿＿＿＿＿＿＿＿的人標籤為＿＿＿＿＿＿＿＿
   觸及了對方的「心理雷區」，這樣標籤可能造成的後果
   是：

   ＿＿＿＿＿＿＿＿＿＿＿＿＿＿＿＿＿＿＿＿＿＿＿

2. 我 □曾經光顧 □未曾光顧 過社企餐廳，
   我 □支持 □不支持 社企僱用殘障人士，
   因為：

   ＿＿＿＿＿＿＿＿＿＿＿＿＿＿＿＿＿＿＿＿＿＿＿

# 顏回有古怪

我們都說「耳聽為虛，眼見為實」。

但有一次，我們親眼看到顏回煮飯時的一個「不道德」的舉動。

但事實證明，我們都錯了⋯⋯

老師的話雖然令子路有所思考，但他還沒有徹底明白過來，於是問：「話雖如此，但衛君知道我是您的弟子，信奉的是仁義之道，而且，誰都知道我是好人⋯⋯」

「是我的弟子就不被懷疑嗎？是好人就不被懷疑嗎？你還記得我們被圍在陳蔡之地時，是怎樣懷疑顏回的吧？」

一提起這事，不僅子路無話可說，連我也覺得很不好意思。

因為，當時我們所有人都懷疑過德行最好的顏回師兄，而我，恰恰是表現得最糟糕的一個。

當時我們被圍困了好幾天，後來我好不容易偷偷跑了出去，用珠寶

換到幾斤糧食，回來後就交給顏回和子路去煮。

我清楚記得，老師當時很累，在正對着灶房門口的椅子上睡着了。

過了一會兒，我們去看飯是不是熟了，當時子路坐在門檻上休息。

誰知道，我們竟然看到一個意料之外的情景：飯熟了，正散發着撲鼻的香味。而顏回——我們最尊敬、認為道德修養最好的同學，正背着我們，偷偷地把一團香噴噴的飯，塞到口裏吃掉了！

我們壓根沒想到顏回會做出這種事，震驚之餘更是憤怒，子路師兄按捺不住，差點叫了起來。

這時，突然傳來老師的聲音：「顏回，飯熟了嗎？」

我拍了拍子路的手，示意他不要出聲，然後走到老師面前，輕聲說：「老師，您能不能到那邊去，我有事跟您說。」

老師和我走到院子裏，子路師兄也跟了過來。

 老師，君子會因為窮困而改變自己原有的仁德和操守嗎？

老師回答說：

 改變了就稱不上君子了。

像顏回這樣的人，不會因為貧困而改變節操吧？

應該不會。

說完，老師意味深長地看了我們一眼：

你這樣問，是不是有特別的含義？

不等我開口，子路便迫不及待將顏回偷吃米飯的事告訴老師，就在他愈說愈激動的時候，老師打斷他的話：「我也看見了。」

原來老師也看到了。

「他剛才的做法我也很難理解。這樣吧，你們跟我進來。」

於是我們跟着老師進灶房，老師對顏回說：「你準備一下，我們用煮好的米飯先祭祀祖先和周公。」

老師這一招確實厲害，因為誰都知道，吃過的米飯是不能用來祭祀的，否則就是大不敬。不知道顏回對此會有何反應。

沒想到顏回一聽，連忙說：「老師，萬萬不可。」

「為什麼？」

「剛才我煮飯時不小心，一團灰垢掉進去了，弄髒了一小團米飯。我覺得弄髒的米飯不能給老師和同學吃，但扔掉又太可惜了，我就吃了那團米飯。這樣的米飯，怎能用來祭祀呢？」

聽了顏回的話，我和子路不禁目瞪口呆。

老師似乎也很震驚，他看了我和子路一眼，問：

現在，我們還要懷疑顏回的德行嗎？

老師，您為什麼說「我們」而不是「你們」呢？

這時子路問，想不到向來粗心的他也有心思細密的時候。

因為我和你們一樣，剛才才懷疑過對顏回的德行。

老師的語氣既複雜又沉重。聽見我們的對話，顏回一頭霧水。

接著，老師把大家叫過來，就將這件事原原本本講了一遍，然後請大家討論。

老師說：「不要說子貢和子路，就連我看到這一幕時，都不敢相信自己的眼睛。我的第一個念頭，也和子貢、子路一樣，覺得顏回辜負了大家的信任：在窮苦和沒有監督時，做了不符合道義的事情。」

我們常說「耳聽為虛，眼見為實」，而這一次，我們儘管親眼看到了，卻判斷錯了。我們一直相信顏回是君子，但當遇到特別的情況，就將平時的看法拋到一邊。連自己的心都不足以依賴，何況是別人的心！

看得出來，這件事對每個人都有很大的震撼。

老師繼續引導我們：

如果我把懷疑藏在心裏，而顏回也沒有主動解釋，那麼結果會怎樣？

可能會從此對他產生偏見，不再信任他。

子路回答道。

接着，老師又問顏回：

那你又從中學到什麼？

我沒想到，一個人要不被誤會是那樣難的。同時，我也覺得自己剛才的做法欠妥。如果這件事我當着大家的面做，完全可以避免誤會。

顏回的回答讓老師露出了讚許的目光。

說得太對了！我對顏回，不可謂不信任，子貢和子路對顏回的了解，不可謂不深。但即便是這樣的關係，都會因一點小事引起很大的誤解，更何況是其他的關係？我們怎能不格外留意自己的言行呢？

這些對人際關係的分析，是我們從未聽過的。

「從這件事，我們學到了什麼？」

大家開始你一言我一語，紛紛發表意見。

「出現誤會就要及時交流和化解，否則誤會會愈來愈深。」

顏回也發言了：

我覺得，不要片面強調「身正不怕影子斜」，還要看這件事情可能給他人造成的印象。有位哲人講過：印象統治世界——我們給別人留下什麼樣的印象，別人就會對我們有什麼樣的態度。

顏回師兄不愧為老師最得意的弟子，總結得十分精闢。

老師接着說：「顏回說得沒錯。我們處於亂世，人心之險，甚於山川。所以做任何事，哪怕是好事，也要格外重視給別人造成的印象，不要讓人誤會，尤其要避免被不懷好意的人利用！」

⋯⋯

儘管已經過去多年，這一幕至今還歷歷在目。

老師看着子路說：「想想當初我們對顏回的懷疑，再結合你現在所做的事情，是不是有不妥當的地方？」

子路點了點頭，說：「老師，您讓子貢來阻止我是對的。」

顏回差點被誤會的故事，見於《呂氏春秋·審分覽·任數》、《孔子家語·在厄第二十》。

## 孔子智慧錦囊

很多人喜歡「做自己」──「我就是這個樣子，不管你怎麼想！」

但看到顏回被老師和同學誤會，你有沒有產生不同的想法？

德行再好，也難以超過顏回；再睿智聰明，也難以超過孔子；人與人之間的信任，難以超過孔子和顏回之間的信任；同學之間的感情，也很難有子路、子貢和顏回之間那樣深。可即使這樣，顏回也被誤會。我們還能說「不管你怎麼想」嗎？

人和人之間的關係要融洽，首先要避免誤會。那麼，怎樣才能避免誤會呢？

第一，記住「印象統治世界」。這句話告訴我們：人們對待你的態度，往往是根據你給他們留下的印象而決定的。所以，我們做任何事情，講任何的話之前，都要想一想會給別人留下什麼印象。

第二，重視溝通。「瞎猜不如明問」，這樣便可以避免被人誤會，也能避免誤會他人。

## 手造備忘錄

1. 曾經被人懷疑嗎？ □有 □沒有

   什麼樣的懷疑？_____

   如果當初我沒有這麼做就好了：_____

2. 曾經誤會過別人嗎？ □有 □沒有

   最後，好在_____，因此釋除了誤會。

# 晏子真善變

要行仁義，又要考慮到不被人算計和猜疑，這是個兩難問題。

老師卻舉了晏子為例，讓我們從中學會把握人性的智慧，子路也因此獲得前所未有的成功……

又要行仁義，又要考慮到不被人猜疑和算計，這也太難了。

聽了老師的話，子路覺得很有道理，但很快又皺起眉頭這樣說。

老師笑着說：「我再講一個晏子的故事吧。」

齊國的宰相晏子，我們都很佩服，老師講過不少他的故事。新講的這個故事，也引起我們深思。

一次，晏子出使魯國，並待了一段時間。他一回國，老百姓便紛紛向他訴苦。

原來，齊景公趁晏子出使時，下令再造一座宮殿，很多老百姓都被抓去當壯丁。天寒地凍，加上辛苦勞作，死了不少人，老百姓因此怨聲載道。

見晏子回來，齊景公十分高興，為晏子準備了隆重的宴會。

酒酣之際，齊景公說要好好賞賜晏子。

晏子卻站起來說：「臣不要賞賜，臣只求大王能下令停止修建宮殿，讓老百姓免受勞役之苦。」

說完，他一邊流淚，一邊陳述不宜修建宮殿的種種理由。

聽完晏子的話，齊景公沉默良久，最終答應晏子的請求。

講到這裏，老師便不再講了，他笑瞇瞇地看着我們，問：「你們覺得晏子的做法如何啊？」

我點了點頭，看見大家也在點頭。但是，晏子的做法固然不錯，可也沒什麼大不了的。

老師可能也看出了大家的心思，說：

你們覺得晏子不過如此，是嗎？

我心直口快，立即說出自己的心裏話：「將老百姓的意見向君王反映，促使問題解決，很多忠臣都會這麼做！」

老師說：

你們想得很對，這麼做的確沒有什麼了不起。但晏子真正了不起的是他後面的舉動。

晏子立即拜謝齊景公，然後飛快地跑到建築地盤，二話不說拿起皮鞭，一邊抽打那些當初要他向國君進諫的人，一邊罵道：「國君的地位如此尊貴，修個新宮殿有什麼了不起的？你們卻拖拖沓沓，再敢這樣，我就打死你們！」

本指望晏子幫自己說話，沒想到卻等來這樣的結果，那些修宮殿的人一個個恨得咬牙切齒，暗暗罵道：「晏子助紂為虐，要遭天譴啊！」

晏子前腳剛走，齊景公派的人就到了，宣佈立即停止修建宮殿，讓大家各自回家。

地盤上頓時歡聲雷動，老百姓無不對齊景公感恩戴德。

老師講完之後，又問我們：「你們覺得晏子的做法怎麼樣？」

我大為慨歎：

晏子輔佐三代君王，在齊景公手下位至宰相，上得君王器重，下得百姓讚揚，的確有過人之處啊！

老師又問子路的意見。

子路沉吟好一會兒才說：「我比較了晏子的做法和我的行事方式。我想，假如是我的話，很難做得像晏子。我很可能會不顧情面指責國君，這樣一來，不僅加深矛盾，而且會給自己帶來大麻煩甚至災禍。」

老師點點頭，稱讚說：

善為人者，有一個共同點：聲名歸於他人，禍災歸於自身。私下可以誠懇地指出國君的不足，促使他改正，但在眾人面前，卻一定要維護他的形象。

晏子的故事，以及老師和我對於人性的看法，看來深深觸動了子路：「老師，我明白了。衛君應該說尚算識才的，但他遲遲不用您，原因就是怕您一旦受重用，他就無法掌控。正因為衛君有這樣的顧慮，作為您的弟子，我更應該謹慎行事才是。否則，一旦有人進讒言，不要說我，就連老師恐怕也會受到牽連啊！」

老師不斷點頭：「你能這樣想，最好不過了。」

幾個月後，我們聽到一個好消息：子路向國君進言，說由於蒲市的地理位置特殊，加上曾經發生過叛亂，尤其需要穩定。而穩定首先是人心的穩定。人心要穩定，就要先做幾件解決百姓實際問題的大事，修渠道自然是頭一件……

報告合情合理，打動了國君，國君當即撥出不少錢財和糧食給蒲市，這不僅解決了修渠道的問題，還解決了春荒問題。國君更連連稱讚子路治理有方，並感謝老師向他推薦了一個不可多得的人才。

晏子善諫的故事，見於《晏子春秋·諫下》。

## 孔子智慧錦囊

和別人交往，常犯的錯誤之一，就是突出自我，歸功於自我。

內地科學家屠呦呦因榮獲諾貝爾醫學獎而備受矚目，卻沒有歸功於自己。她在受訪時稱，這項科研工作不可能一個人完成，而是由很多研究人員共同參與，她獲獎是中國科學家集體的榮譽。

任何時候我們都要懂得放低自己，墊高別人，這樣不僅可以避免猜忌，還能獲得更多的支持，做起事來，自然遊刃有餘！

所以，要成功就一定要銘記：標準要高，姿態要低！

1. 假如我獲得演講比賽冠軍，應該歸功於＿＿＿＿＿＿＿
   因為：

   ＿＿＿＿＿＿＿＿＿＿＿＿＿＿＿＿＿＿＿＿＿＿＿＿

2. 假如我是班長，晏子的故事教會我成為老師與同學的
   橋樑，我可以做以下事情，令大家的關係更融洽：

   ① ＿＿＿＿＿＿＿＿＿＿＿＿＿＿＿＿＿＿＿＿＿＿

   ② ＿＿＿＿＿＿＿＿＿＿＿＿＿＿＿＿＿＿＿＿＿＿

   ③ ＿＿＿＿＿＿＿＿＿＿＿＿＿＿＿＿＿＿＿＿＿＿

# 神性與魔性

一個資質不高的強盜後代，卻被老師激勵成真正的
人才，而且在他的帶動下，蒲市人的學習熱情空前高漲。
這讓我們看到在人性中，還有十分重要的另一面……

通過子路這件事，我對如何在人際交往中「避嫌」有了很深的認識。
我時刻警惕自己：千萬別碰人性的地雷區，要謹言慎行……

但我的體會全面嗎？重視人性，就是要經常提醒自己別碰別人心中
陰暗的地方嗎？

過不久老師處理的另外一件事，讓我對人性的認識又上了一個台階。

一天早上，一位讀書人打扮的年輕人在門外聲稱要拜見老師。

一見他的樣子，我就很不喜歡。他給我的感覺不僅有曾參的「木」，
還有些畏畏縮縮。

進來之後，他拿出幾卷竹簡，說是自己的文章，希望老師指點。

老師熱情而客氣地接待了他。從老師和他的交談中，我得知他是當

地人，從小喜歡讀書、寫文章。

看了年輕人的文章，老師極力讚揚了一番，並給他提了一些建議。老師的誇獎讓年輕人兩眼放光，出門時神采飛揚，簡直變了個人。

能得到老師如此的讚揚，想必年輕人的文章一定非常出色，於是我忍不住拿起一篇讀了起來。

只看了幾行，我就忍不住皺起眉頭，這寫得也太一般了吧，如果放到同學裏面，恐怕比最後一名還要差得遠。老師今天怎麼啦？

這時子路回來了，一進門就問：「剛才那位年輕人是來請老師指點文章的吧？」

「你怎麼知道？」

「我剛到蒲市，他就來拜訪我了，還讓我看他寫的文章。那些東西也能叫文章？後來我才知道，他的父親曾經是強盜，被人打斷了腿，才痛下決心讓兒子好好讀書。你想，一個強盜的兒子能寫出什麼好文章？所以就沒多理會他，沒想到他竟然直接來找老師了。」

接着，子路又問我：「你看了他寫的文章吧？怎麼樣？」

我笑了笑，說：「你自己看吧。」

看完之後，他哈哈大笑說：「一點長進都沒有。老師評價如何？」

「老師評價很高。」

「不會吧？」子路吃驚地看着老師。

這時我們才發現，老師已經面露慍色：「看來我的課都白講了。」

老師的話讓我們都不敢吱聲了。

「他寫的文章如何，難道我看不出來？可是我們還是要多表揚他，為什麼？蒲市的民風並不淳樸，所以子路上任前，我特別提到要重視教

化。但教化不是光靠幾個人就能做到的，需要大家一同參與……」

　　老師還沒有說完，子路就忍不住打斷老師的話：「可一個強盜的後代，又沒什麼資質，靠他就能促進教化，說出來誰相信！」

　　「你呀，真是將自己的過去全忘了。你忘記我們初見時的情景了？」

　　老師的話讓子路十分難為情。原來，剛見老師時，子路就像一個野人，還嘲笑學習無用。但在老師的引導下，他認真學習，不僅成績提升很快，言談舉止、處理問題的能力也有所提高，還能從政，這是一般人想像不到的（關於子路的轉變，詳見《活學秘笈》第叁班）。

　　老師問子路：

 你現在有這樣好的成績，後悔跟隨我學習嗎？

 當然不。

 那麼我問你：假如當初我沒看到你的潛質，不多引導你、肯定你，你能有現在的成績嗎？

當然不會。

同樣的道理，這位學生正因為是強盜的後代，資質不高，卻仍這樣好學，所以更值得鼓勵。你們想想，如果連這樣的人都能被激勵成才，更何況是其他人呢？

老師的想法就是與眾不同，我們為何就想不到呢？

我聯想到老師在當司法部長時不殺那個告父親狀的人的故事，想到老師經常對我們說要改變社會，首先要改變人心，要改變人心，首先要重視教化……其實，這應該有人性的依據！

由於我最近常在思考關於人性的問題，我突然感到不碰人性的陰暗面，僅僅是一個方法。而這些故事，似乎顯示了人性的另一面。

於是，我提出自己的看法：

老師，看來人性包括兩面，既包括陰暗面也包括光明面，您說對嗎？

老師笑着點點頭：「你繼續分析。」

於是，我開始大膽闡述一個公式：

人性 = 神性 + 魔性

所謂神性，就是向上發展、給人希望的光明面；所謂魔性，就是充滿問題和危險的陰暗面。如果刺激魔性，就有可能給自己或者他人帶來不好的結果。相反，如果刺激神性，人性中積極光明的方面就會被激發出來，甚至可能創造出某些奇跡。

老師不斷點頭，看得出他對我的觀點很認可。

幾個月後，子路師兄帶回消息說，那位讀書人因為老師的鼓勵和指點，自信心大增，愈加發憤，文章水準也日見增長，言談舉止和以前不可同日而語。

為此，子路還專門將他招至自己的門下，給他一個較為重要的職位。

一時間，強盜的後代通過自己的努力而獲得重用，成為蒲市街頭巷尾老百姓津津樂道的話題。

而蒲市人學習知識、學習禮儀的風氣也因此盛行，很快就成為衛國的明星市鎮，全國各地紛紛前來取經。

孔子鼓勵年輕人的故事，見於《論語·述而第七》。

　　人性是神性和魔性的混合體。我們不僅要善於遏制魔性的那一面，而且要善於發掘神性的那一面，即積極光明的那一面。

　　人性中的神性一旦被激發，就可能創造一般人想像不到的奇跡。

　　要激發人的神性和光明面，有一個竅門：少用食指，多用大拇指。

　　因為，食指往往意味着指責，這樣會打擊別人的自信心，扼殺別人成長的願望。

　　大拇指卻意味着讚揚和肯定，即要經常發現別人的長處和閃光點，並多表揚他，讚美他。長久下去，就能激發別人的自信，開發別人的潛能！

1. 這些表情符號的激勵指數超強：

　　　　　　　激勵指數 ///////////////////////////
　　　　　　　　　　　0%　　　　　　　　　　100%

　（畫一畫）　激勵指數 □□□□□□□□□□□□□□□□□□□
　　　　　　　　　　　0%　　　　　　　　　　100%

　（畫一畫）　激勵指數 □□□□□□□□□□□□□□□□□□□
　　　　　　　　　　　0%　　　　　　　　　　100%

2. 常常讚美別人嗎？□經常　□偶爾　□很少
　　如果是，讚美了別人什麼？

## 第五堂 杏壇暴力事件

　　司馬牛與子夏打架了，但通過老師的教育，明白了《易經》中乾、坤兩卦蘊含的深刻道理。

　　誰都沒有想到，在我們經常講「禮」的學堂——杏壇出現了爆炸性的事件：同學之間打起架來了！

　　司馬牛把子夏的衣服撕爛，子夏也不示弱，在司馬牛的臉上留下一條條血痕。如果不是有人把老師叫來，還不知道這場鬥毆會發展到什麼地步。

　　他們為什麼會打架？

　　原來，子夏家窮，但很好學。在學校，他和一些來自其他國家的同學住一個房間。有時大家要睡覺了，他卻讀書正入佳境，忍不住大聲唸出來，影響大家休息。有時大家睡着了，他還在外面看書，進房時關門不留心，聲音很大，把人吵醒。

　　雖然同學們有微言，但考慮到他是為了學習，也不便說什麼。但來

081

自宋國的司馬牛卻對他成見愈來愈深，終於在今天早上爆發了，甚至要將他的其他毛病一起算賬。

原來早上大家起來洗漱完畢，本來輪到子夏打掃房間衛生，但他拿起書就往外走，把這件事忘得一乾二淨，再也看不下去的司馬牛於是大吼一聲：

哎，雀仔，輪到你掃地了！

子夏立即站住了，臉一下漲得通紅，一聲不吭拿起掃帚開始掃地。但掃着掃着，他的動作愈來愈慢，最後把掃帚一扔，有些氣憤地質問司馬牛：

你提醒我掃地就好，為何要叫我雀仔？

原來，因為家裏窮，子夏的衣服破舊，有的地方甚至吊着破布片。有一次，他跑得很快，司馬牛說，他看起來就像一隻張開翅膀飛起來的雀。於是，就私下給他取了個「雀仔」的「花名」。

毫無疑問，這種外號是很傷人自尊的。私下叫一叫，子夏不知道也還無所謂。但從他剛才的表情來看，天下沒有不透風的牆，子夏可能早就知道了。而現在，司馬牛竟然當眾說出。這還不是捅了馬蜂窩，讓他怎麼受得了？

司馬牛一看子夏生氣了，於是趕緊解釋，但正如俗語所言，愈抹愈黑。子夏又得理不饒人，要他當眾道歉。這一來，司馬牛也被惹怒了，說應該道歉的是子夏，他只顧自己，晚上影響大家睡覺不說，還常常忘記自己該盡的義務，最後還加了一句：「你別臭美，扮什麼好學生！我看，同學之中，屬你最自私！」

這一下大大激怒了子夏，他毫不示弱地回應：「你以為你了不起啊！看你身材也不矮，卻常常像個病女子一樣長吁短歎，你是個男人嗎？」

最近，我也經常聽到司馬牛動不動就歎息。但子夏這樣一說，他怎麼受得了，二話不說掄起巴掌就扇過去了。

子夏一看，拿起掃帚衝了上去⋯⋯

聞訊而來的老師，看到兩個人的狼狽模樣，既沒教育也沒責怪，只是歎了口氣，搖了搖頭說：「算了，今天天氣很好，時間也早，我想去登山。子夏你還有衣服嗎？如果沒有，哪位同學借件衣服給他，我們一會兒就出發。」

走到門口他又提醒一句：「怎麼沒見到閔子騫？通知一下他，還有其他的同學也一起去。」

兩個時辰後，我們已經登到半山腰了。老師停了下來，向着東南方瞭望，久久不語。

我忍不住問他：

老師，您在看什麼？

我在看吳國！我在看泰伯和仲雍。

吳國那麼遠，老師又沒有千里眼，怎麼看得到？而泰伯和仲雍又是誰啊？

看着圍過來的同學，老師說：

大家都知道周朝是文王和武王打下的江山，但你們知不知道，這份江山是別人讓出來的？

大家紛紛搖頭。

原來，文王姬昌的爺爺是古公亶父。他有三個兒子，從大到小，分別是泰伯、仲雍和季歷。照理，古公亶父去世後，應該由大的兒子繼承王位。但泰伯和仲雍看到父親特別喜歡季歷和季歷的兒子姬昌，而且姬昌也有過人的才能，因此決定主動把繼承權讓給季歷。後來，他們一起往東南方向走，在那個荒蠻的地方，披荊斬棘，開拓新的疆土。

古公亶父去世，泰伯和仲雍堅決不肯繼承王位，而是讓季歷登位。季歷繼位後，泰伯和仲雍又斷髮文身，表示終身不返。

季歷去世後，由兒子姬昌繼承王位，也就是文王。文王果然不負眾望，開拓了周朝的基業。而泰伯和仲雍，雖沒有和弟弟爭奪王位，卻也在東南的荒蠻之地開拓了江山，成了「吳」的開創者。

講到這裏，老師問：

現在大家知道我為什麼要帶你們到這裏來吧？

我趕緊說：

我明白了，老師是要我們眼光放遠一點，心胸更開闊一點。要像泰伯和仲雍那樣，互謙互讓。

老師點頭說：

了不起啊，泰伯！三次讓出王位。至今為止，都找不出語言來形容他們的美德。

這時子夏和司馬牛都低下頭。子夏說：

老師，對不起，泰伯和仲雍竟然連王位都能讓出來，相比之下，我們為這點雞毛蒜皮的小事，互爭互鬥，實在是太不應該了。

司馬牛也說：

老師，我不應該這樣對待子夏，有話就應該好好說，我卻給他取羞辱的「花名」，還罵他，實在太過分了。

這時，老師說：「最近我和大家研究《易經》，今天我有一個心得要告訴大家。《易經》八卦，都是從乾卦與坤卦發展而來的，而這兩卦，其實都告訴我們人生最大的道理。學習乾卦，就要效仿天；學習坤卦，就要效仿地。天行健，君子以自強不息。地勢坤，君子以厚德載物。」

然後老師問我們：

你們誰知道這分別處理什麼關係嗎？

子夏思考了一會兒，回答說：

自強不息，應該是處理和自己的關係吧？厚德載物，是處理與別人的關係！

老師點了點頭：

是的，關於自強不息，我們以前講過很多回，今天就不講了。坤象徵大地，君子應效仿它，胸懷寬廣。「地勢坤，君子以厚德載物」就是要學習效仿大地，格外重視一個「容」字，有包容心和容忍心。

老師的手往前一揮：「你們看，這地上的東西，樹木是一個樣子的嗎？花草是一個樣子的嗎？山川道路是一個樣子的嗎？如果一切都是一個樣子，那還會是大地嗎？大地為什麼豐富多彩，就在於它能夠容忍多種差別，甚至連污水爛泥都能容忍啊！那麼，作為人的我們，怎麼能總是希望別人和自己期望中的一樣？如果一有矛盾就鬧得不可開交，這樣能相處得好嗎？」

老師的話引起了我們認真思考。我看着眼前的大地，有了和以往不同的感受。假如我們像它那樣包容萬物，什麼樣的人，我們不能好好相處呢？

我突然想起一件發生在幾年前的事，忍不住說了出來。

當時我們周遊列國，有一次到了陳國。陳國國君正在建造凌陽台，他嫌進度慢，處死了好幾個人。

那天，陳國國君召見我們，一起登上凌陽台觀光。事前我們已經得知，他又抓了三個監督工程的官員準備處死。

一見國君，老師就上前祝賀說：「這台子真美呀！大王能夠不處罰人就把它建成，真是太賢明了！要知道，自古以來，建高台有幾次能不殺一個人而建成的呢？」

陳國國君聽了，沉默了一會兒後，悄悄派人將關押的官員放生了。而老師則假裝什麼都不知道。

聽我講完，老師說：「確實有這麼回事。你想說明什麼呢？」

「在當時的情況下，儘管陳國國君在道義上是錯誤的，我們可以理直氣壯地指責他，但這樣不僅解決不了問題，還有可能招來殺身之禍，而替他分析利弊和講道理，他也未必聽得進去。但老師的做法，是在包容中將問題解決，這正是坤卦智慧的體現！」

最後，我將剛悟出的一個道理和大家分享：

「容」的力量實在太大了！不僅是「有容乃大」，更是「有容乃易」──如果擁有像大地一樣寬廣的胸懷，做事就會容易、順利得多！

1. 泰伯三次讓王位的故事，見於《論語·泰伯第八》。2. 孔子巧諫陳國國君的故事，見於馮夢龍《智囊大全》。

## 孔子智慧錦囊

　　不管是在成長的過程中，還是在社會中，人和人之間都很容易發生矛盾。要處理好人際關係，就要格外重視一個「容」字，即胸懷。

　　為此，請大家記住一個公式：成功＝膽量＋力量＋度量。

　　為了減少與別人的「摩擦指數」，形成更融洽的人際關係，我們可以採取如下方法——

（1）「躬自厚而薄責於人，則遠怨矣。」（出自《論語·衛靈公》）也就是說，要嚴於律己，寬以待人，多要求自己，少責備別人，自然會和怨恨相隔遠了。多要求自己，就是乾卦的自強不息；少責備他人，就是坤卦的厚德載物！

（2）學會理解別人，也被別人理解。

（3）多去包容別人，而不要老是等着別人包容。

（4）批評一個人之前，要先對他有所肯定，這樣效果會更好。

1. 謙讓對我來說是困難的事嗎？

   ☐非常困難　☐有一點難度　☐我做得到

   為什麼？_____

2. 我覺得自己的氣度大小是：

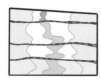  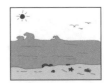

   ☐泳池　　　☐水塘　　　☐大海

   為自己的氣度「升級」的方法：

   _____

「天行健，君子以自強不息。地勢坤，君子以厚德載物。」

（《易經》）

子曰：「躬自厚而薄責於人，則遠怨矣。」

（《論語·衛靈公第十五》）

# 閔子騫不要緊嗎？

閔子騫為繼母求情的做法，讓我們感受到將心比心、包容寬恕的力量。

微風習習，吹拂着大家的臉龐，真是舒服極了。在一片安靜中，我想大家可能和我一樣，都從老師講述的天地智慧中，去吸收能提升我們的能量。

這是一種怎樣的能量呢？

我忍不住問：

 老師，我相信您說的這些都很重要，但有沒有一句話能成為大家終生的行動指南呢？

我的話音剛落，老師就說：

那就是一個「恕」字吧！己所不欲，勿施於人。

接着，老師便把閔子騫叫過來，對大家說：「我要給大家推薦一個實現『恕』字最好的人，閔子騫！你把你如何和繼母相處的過程，和大家分享一下吧。」

在我的印象中，閔子騫屬於那種待人厚道、讓人信得過的同學。他總是對人笑瞇瞇的。你說話，他會很專注地聽。但因為他不是那種熱情洋溢的人，更不是像我這種口沒遮攔、想說就說、想笑就笑的人，所以，我和他交流並不多。至於他家裏的情況，我更加不了解。

閔子騫比較謙虛，不太願意講，老師就引導他：「你不必多慮，分享你的經歷，其實是請你幫我一個忙，讓大家對『恕』有更生動的認識。」

於是，閔子騫就講起了他小時候的經歷：

他母親在他出生不久就去世了。後來，他父親又娶了妻子，並生了兩個兒子。繼母很疼愛親生孩子，對閔子騫卻十分刻薄。父親不在家時，繼母對他不是打就是罵，有時還不給他飯吃。閔子騫儘管很難過，常常想起去世的母親而流淚，但為了不影響父親對繼母的感情，也就默默地忍受了。

一年冬天，閔子騫的父親駕着馬車，帶着三個兒子外出。寒風中閔子騫實在忍不住了，一直喊冷。他的父親聽了很生氣：「你弟弟的棉襖比你的薄都沒叫冷，你穿得比他們都厚還喊冷，你到底是安的什麼心？」說着，舉起馬鞭就打。

馬鞭落到閔子騫的棉襖上，一下就破了，飛出很多蘆花來。他父親一看，原來棉襖裏全是蘆花。閔子騫的父親大吃一驚，趕緊撕開另外兩個兒子的棉襖一看，裏面全是新棉花。

　　父親知道錯怪了閔子騫，抱着他失聲痛哭。回家後，父親將繼母狠狠打了一頓，接着又寫了一紙休書，讓繼母離開這個家。

　　眼看着哭哭啼啼的繼母就要被趕出門了，閔子騫立即一把拉住，同時跪在父親面前哀求道：

不能休兒母，
不能休兒母，
母在一兒苦，
若是休兒母，
三兒都受苦。

　　看到閔子騫這樣為繼母求情，加上他講的也確實有道理，父親就歎了口氣，最後還是讓繼母留下來了，但要求她今後一定要善待閔子騫。

　　還沒有等閔子騫講完，就有同學忍不住問：「那後來呢？繼母對你怎麼樣？」

　　閔子騫一笑：「當然很好了。其實不必父親要求，我的做法實際上也讓繼母感動了。從此，她對我和兩個弟弟一視同仁。」

　　說着，他拍了拍身上的衣服：「看見了吧？這就是她為我做的衣服！儘管我都這麼大了，但我的衣服卻還是她精心縫製的呢！」

聽到這裏，老師忍不住誇讚起來：「別人對我們不好，我們一般人也會對別人不好，但閔子騫卻能以德報怨，而且能達到這樣的效果，這就是『恕』的價值啊！」

閔子騫接着說：「說實話，當父親要趕走繼母時，我第一個念頭也是巴不得她早點離開。但想當初，我就是因為被她遺棄、冷落而深感痛苦，現在她也要經受這種痛苦，儘管這是她自己造成的，但我還是於心不忍。而且，沒有母親疼愛的痛苦，我也不願意讓兩個弟弟承受。」

老師讚歎道：「好啊！大家記住，所謂仁，就是自己要立足，也讓別人立足；自己想處處行得通，也要讓他人盡量行得通；自己渴求關愛，也要讓別人領略關愛。你愈能推己及人，替自己想也替人家想，就愈能體現仁愛，愈能被別人接受和喜歡！」

講到這裏，司馬牛深受感動：

老師，今天我深深地感到自己錯了。子夏家裏困難，仍能認真學習，我應該向他學習才對，可我還取笑他，實在太不應該。

子夏的眼睛也濕潤了：

我也向你道歉。

接着，他又問：

司馬牛，我發現你最近時常歎息。你能不能告訴大家，什麼事使你這樣憂傷呢？也許大家能幫助你。

司馬牛答：

既然你問了，我也就沒什麼可隱瞞的。我是宋國人，到魯國求學，經常看到你們一家人團聚，我覺得很感慨。我離家千里，在這裏，別人有兄弟，我卻沒有兄弟，形單影隻啊！

子夏說：

對不起，我們這些魯國的學生，沒有考慮到來自其他國家學生的心情。以後，我們一定要更主動，讓你們融入到我們的生活中。

接着，子夏又講了這樣一段話：

> 但你也別太擔憂，只要我們修身養性，學會敬愛謹慎而沒有過失，待人謙恭有禮，四海之內皆兄弟也。我們這樣去學着做君子，何愁沒有兄弟呢？你說對嗎？

聽了子夏的話，大家紛紛為他鼓掌，老師也不斷點頭。

這就是後來流傳久遠的「四海之內皆兄弟」的來歷。在它的後面，不僅有一個同學之間從互相爭執到互相友愛的故事，也體現了老師為人處世的許多智慧，讓我一輩子難忘。

---

1. 閔子騫以德報怨的故事，見於《説苑‧佚文》、《敦煌變文集‧孝子傳》。2. 子夏與司馬牛的故事，見於《論語‧顏淵第十二》。

## 囊 孔子智慧錦囊

　　美國有所小學，校長很懂得理解和引導學生。如果有哪個學生調皮搗蛋到極點，甚至到了要被開除的地步，在最後一關，還是能避免開除。

　　為什麼呢？因為最後校長會安排和這個學生對話。對話的方式十分特別：讓學生坐到校長的大班椅上，而校長則坐到大班椅前的沙發上去。

　　這樣一來，坐在沙發上的校長會設身處地去想：假如自己是一個學生，是不是也會搗蛋？是否也有值得理解的理由？與此同時，坐在大班椅上的學生也會想：我作為一個學生，調皮不算什麼，但假如我是校長，每個學生都調皮，學校會變成什麼樣子？

　　這樣一來，互相站在對方的角度想，並在此基礎上溝通，校長能更好地理解學生，他說的話學生聽得進去，缺點也容易改正了。

　　這樣的做法，就叫做「換位思考，換心感受」。

　　「換位思考，換心感受」正是「己所不欲，勿施於人」的體現：

　　自己不願意做的，也不要讓別人去做；

　　自己想做的，也考慮到別人也想做。

　　當你與別人有矛盾時，不妨這樣「換個位置想一想」。

## 手造備忘錄

1. 假如我是閔子騫，我能做到以德報怨嗎？

   ☐ 能夠　　☐ 有難度

   因為：＿＿＿＿＿＿＿＿＿＿＿＿＿＿＿＿＿＿＿＿

2. 假如我有同學如子夏一樣家境困難，

   我會這樣換位思考：

   ＿＿＿＿＿＿＿＿＿＿＿＿＿＿＿＿＿＿＿＿＿＿＿＿

3. 假如我有同學如司馬牛一樣來自外國，

   我會這樣換位思考：

   ＿＿＿＿＿＿＿＿＿＿＿＿＿＿＿＿＿＿＿＿＿＿＿＿

本堂金句

子貢問曰：「有一言而可以終身行之者乎？」子曰：「其恕乎！己所不欲，勿施於人。」

（《論語・衛靈公第十五》）

杏壇學生守則二

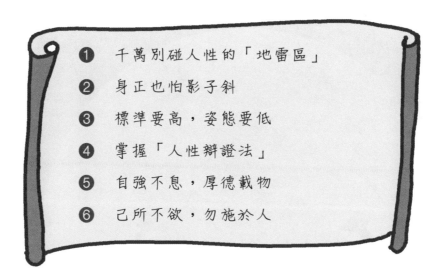

① 千萬別碰人性的「地雷區」

② 身正也怕影子斜

③ 標準要高，姿態要低

④ 掌握「人性辯證法」

⑤ 自強不息，厚德載物

⑥ 己所不欲，勿施於人

# 第叁班

## 詩意大發現

老師整理《詩》，收錄了不少抒發純潔感情的詩，並將歌頌愛情的《關雎》放在第一篇。

　　老師要幾位同學說志願，其他人一個個都談如何成就事業的輝煌，但沒想到的是，老師唯獨認可願在春天的河水中沐浴唱歌的曾點。

　　一個老農民在舊瓦罐中盛一些很平常的菜給老師，老師卻吃得津津有味。

　　這一切都說明，老師在教育我們追求事業與理想，同時也在教育我們：

　　生命應該是一曲歡歌，不管我們怎麼忙累，也不要失去生活的詩意與情調……

## 第一堂 詩意的誕生

老師對詩歌的重視，尤其是對愛情詩的肯定，徹底顛覆了我們平常看到的嚴肅的「老夫子」形象……

我以為自己走錯地方了！

我以為自己的耳朵出問題了！

這裏，難道是老師經常講道、講禮的地方嗎？

這裏，難道是最嚴肅的學堂嗎？

琅琅的書聲，正從裏面傳來：

蒹葭蒼蒼，

白露為霜。

所謂伊人，

在水一方。

……

這是一首詩！而且，這應該還是一首想念美女的愛情詩！

我身為一個和老師一同周遊列國並經常參加國際交流活動的學生，對詩歌並不陌生。因為不僅在出外時經常能看到有人用詩抒發情感，在一些外交場合，吟唱詩歌也是經常採用的招待形式。

可在我的印象中，這樣的情詩，只會在那些山野之間出現，在某些歡宴場合也會偶然出現。但怎麼可能在這裏──老師為我們講述治國安邦之道的杏壇出現呢？

我僅僅出去兩三個月，學堂就有了這麼大的變化嗎？

難道老師不在嗎？

還是哪個調皮的傢伙，趁老師不在，竟然挑起了一場「校園政變」？

我滿腹狐疑地走進去，卻發現所有同學都在投入地唸這首詩歌，這其中有老師最早的弟子、年紀和他相仿的曾點，還有老師的兒子孔鯉。

更讓我難以置信的是，老師竟然站在講台上，應着大家唸詩的節奏，用手指輕輕敲打着桌子。

他沒有發現我進去，只是半瞇着眼，滿臉微笑，完全一副陶醉在詩歌意境中的神情。

這是怎麼啦？難道老師因官場失意，尤其是冉求、宰予等弟子在仕途上的錯誤而傷透了心，乾脆「墮落」了嗎？

老師剛開始點評，抬頭看見我，就說：「啊，子貢回來了，趕緊坐好，正好一起聽聽。」

接着，老師便向我們介紹：這段時期以來，諸侯國之間連年混戰，加上社會風氣的變化，致使文化沒落，老師希望整理刪節《詩》、《書》和制定禮樂，促使文化復興，從而促使社會風氣轉佳。

幾百年以來，眾多諸侯國中產生了大量詩歌，但是良莠不齊。老師

便從中整理出三百首，名為《詩三百》。

這時子游提出了一個問題：

老師，這麼多首詩歌，您整理的這三百首，有什麼意義嗎？

老師回答說：

這些詩，一言以蔽之，曰：思無邪，也就是思想純正。

大家靜靜地聽，這時，「阿木」曾參畏畏縮縮地提出了一個疑問：

老師，像《蒹葭》這樣的詩歌，抒發的是男女的愛情嗎？

應該是吧！

老師笑瞇瞇地看着他，點點頭。

這時，曾參聲音變大了，甚至有些顫抖：

那麼，這樣的詩歌，是不是與禮不合啊？難道這也是「思無邪」嗎？

老師看了看曾參，沒有直接回答，而是問大家：「你們是不是也有同樣的疑問？」

有的年輕同學不好意思，但還是點了點頭。

老師笑了笑，然後語重心長地說：「你們有那樣的疑問可以理解，但不要認為我說的就應該是枯燥的。要知道：食色，性也。——吃飯、喜歡異性，這兩點是人最基本的需求。政治和道德也應該符合人的本性。那些抒發人間最美好情感的詩歌，當然可以說是『思無邪』了。」

如果不是親耳聽到，我真不敢相信老師會提出這樣的觀點。

課堂氣氛一下子活躍起來。

老師笑瞇瞇地說：「莫非在你們眼裏，我老頭子就只會關心政治和道德？或者，只應該關心政治和道德？在教育你們關心政治、道德和禮的同時，我也希望你們關心自己的生命和人生。一句話，我希望你們學會讓自己的生命富有詩意！」

老師接着又唸了一首名為《關雎》的詩：

關關雎鳩，

在河之洲。

*窈窕淑女，*

*君子好逑。*

*......*

這首詩，也同樣富有令人陶醉的美感。

老師接着告訴我們，他把這首詩放在《詩三百》之首。

那麼，為什麼會將它放在第一篇呢？

老師說：

這首詩，抒發的是最純真的情感。樂而不淫，哀而不傷。這樣的情感，不是引導人們淫蕩或墮落，而是某種能淨化人們的情感，是真正「思無邪」的精華！

同學開始嘰嘰喳喳議論，老師讓大家安靜下來，但有一個人，好像根本沒聽到老師的話，一邊唸，一邊還搖頭晃腦，完全沉浸在一首詩歌的意境之中。

那是子游，唸的是《鄭風·溱洧》：

*溱與洧，方渙渙兮。*

*士與女，方秉蕳兮。*

*女曰：「觀乎？」*

*士曰：「既且。」*

*「且往觀乎！洧之外，洵訐且樂。」*

維士與女，伊其相謔，贈之以勺藥。

等他終於讀完了，才發現所有人都在靜靜地看着他，他一下變得不好意思起來。

老師讓子游說出對這首詩的理解，看他有些猶豫，老師便鼓勵他：「不要緊，讀詩嘛，每個人都可以有自己的理解和感悟，你不妨根據自己的理解，將這首詩的意思分析給大家聽。」

於是，子游大膽地解釋了這首詩：

瞧呀，溱河、洧河的冰已經融化了，河水漲得快要漫過堤岸。

在暖洋洋的陽光照耀下，在和煦的春風吹拂中，碧波蕩漾，歡唱着流向遠方。

男生與女生，手執蘭草結伴春遊。

女生問：「去看看嗎？」

不知是不解風情，還是有意逗着女生，男生卻說：「我已經去過了。」

不料，女生不依，撒起嬌來了：「不嘛，我們再去看看嘛！你看河堤那邊，又寬闊又熱鬧，真的要好好玩喲。」

男生和女生，就這樣互相笑着鬧着，並將美麗的芍藥花丟向對方。

子游的確很有文采，難怪後來老師還將他評為文學科的第一名。他的解釋，不僅有對這首詩的理解，也加入了一點他自己的文學發揮，讓大家體驗到一種詩情畫意的美感。所以，他一講完，大家都給他鼓掌。

我轉過臉去看老師，老師也是笑得合不攏嘴，說：「發揮得有點過頭了，但總體還是不錯的。這些詩也很美，體現了人類美好的情感，值得大家吟詠和品味。」

之後，老師又列舉了學《詩三百》的種種好處：可以培養情趣，可以提高觀察力，可以增強集體感……近則可以用其中的道理侍奉父母，遠則可以用來輔佐君主；還可以知道更多鳥獸草木的名稱，增加自己各方面的知識……

在之後的日子裏，隨着對《詩三百》的進一步了解，我愈來愈感到老師所言非虛。

讀《白圭》中的「白圭之玷，尚可磨也；斯言之玷，不可為也」，讓我知道自我修煉的價值。白圭上的污點可以磨掉，但言語中的污點卻無法磨去。這怎能不讓我們時刻注意自己的言行？

誦讀《伐檀》、《碩鼠》，則激起我對黑暗政治的痛恨，並喚起了我有朝一日出仕為官，一定要實現政治清明理想的決心。

而我，最喜歡的是這一首詩：

昔我往矣，

楊柳依依。

今我來思，

雨雪霏霏。

……

看我時時唸這首詩，老師便問我為什麼這麼喜歡。我向他講起了最近一次見到父親的情景：

父親也是生意人，我來跟老師學習，他是支持的。但這些年來我一直跟隨老師，和父親相聚的時間就少了。半年前我回到衛國老家，父親明顯變得蒼老。

我只在家裏住了三天就要走了，父親送我一程又一程，捨不得我離

開。那天，正好下着雨，還夾着小雪。當我揮手向父親告別時，看着他滿頭的白髮和蒼涼的目光，我突然心如刀絞。

父親是一萬個捨不得我，可為了讓我追求事業，他只能看着兒子一次次離自己遠去。這樣的情懷，今天想起來，真使我心疼！

聽完我的發言，課堂上鴉雀無聲。我看到一些同學眼泛淚光，想必是我的話勾起了他們對父母的思念吧！

這時，老師深情地說：

同學們，《小雅·采薇》本是寫一個出征士兵的詩歌，子貢唸的這四句詩，一般的解釋，是抒發這位士兵懷念自己妻子或戀人的情感，可子貢卻懷念起自己的父親來。這正是《詩三百》能陶冶人、提升人的價值所在啊！

從沒想到自己的感情這樣豐富，原來詩歌可以讓人的內心變得如此柔軟！

自從學《詩三百》以後，我發現自己變了，以前一直忙忙碌碌，不是經商賺錢就是探討學問，似乎除此之外就沒有別的東西可言。現在我卻更喜歡關注生活中的點點滴滴，關注心中各種美好的情感。即使是看着每天都升起的太陽，也會由衷地歡喜！

我發現同學也變了：不僅感情更細膩了，而且爭執愈來愈少，歡聲笑語愈來愈多。

我發現老師也變了，老師以前社會責任感太重，儘管體現了「仁者不憂」，但這種快樂往往是強撐出來的。而他現在的快樂，卻自然地流淌。

　　活着真好，詩真好，充滿詩意地生活真好！

　　老師讓我們感受到人生的另一種境界！

孔子整理《詩經》的故事，見於《史記·孔子世家》。

　　黎巴嫩詩人紀伯倫說:「我們已經走得太遠,以至於我們忘記了為什麼而出發。」

　　人,來到這個世界的主要目的,是為了領略幸福,並為他人創造幸福。可是當今的社會,為升學而升學、為發展而發展、為賺錢而賺錢等問題愈來愈突出。這樣一來,往往讓人失去了對美好事物的感受,失去了生命的詩意。

　　要找回生命的詩意,並不只是意味着要重新去讀詩甚至寫詩,更關鍵的是找出生活中那些美好的事物。

　　所以請將自己的目光從課本裏移開一點點,回歸到大自然中去。

　　請不要只是過日子,也要學會讓心靈飛翔。

　　不要陷在虛擬的網絡世界不可自拔。當你成為老盯着手機看的「低頭族」時,不妨抬頭望一眼天空,也許,那飄過的雲彩,就是生命給你的一聲祝福。

　　當然,也請向印第安人學習——「不要跑得太快,要讓靈魂跟上。」

**手造備忘錄**

1. 我最喜歡的一首詩是：＿＿＿＿＿＿＿＿＿＿

   因為詩句使我聯想起：＿＿＿＿＿＿＿＿＿＿


2. 在每天的生活中，我都會見到這幅美麗的風景：

   （畫一畫）

   我想為這美景配上一句詩：

   ＿＿＿＿＿＿＿＿＿＿＿＿＿＿＿＿＿＿＿

115

子曰：「詩三百，一言以蔽之，曰『思無邪』。」

（《論語‧為政第二》）

子曰：「關睢，樂而不淫，哀而不傷。」

（《論語‧八佾第三》）

子曰：「詩，可以興，可以觀，可以羣，可以怨。邇之事父，遠之事君。多識於鳥獸草木之名。」

（《論語‧陽貨第十七》）

# 無價的緣分

> 　　老師將一次很平常的偶然相遇，變成了不平常的美好相會。
>
> 　　受他的影響，我更懂得如何珍惜當下的緣分，而且明白「行孝要及時」。

　　沒有想到，我僅僅做了一件簡單的事，卻得到很大的幸福——我把父母從老家衛國接到魯國，在曲阜和我住了好長一段時間。

　　我的做法，確實有點出乎大家意料。因為在他們眼裏，我向來就是一個全世界「飛」的人，上個月可能在越國的海邊，下個月可能到了齊國的市集，再下個月，說不定陳國國君的宮殿上，又能看到我的身影了。

　　我也經常自我標榜為天生的「遊子」，我有着遠大的抱負，有着忙不完的事業。所以，整個世界都是我的家。

　　我怎麼可能和父母一起住這麼久呢？

　　但我真這樣做了。和父母相聚的這段時間，不僅讓我多年在外漂泊

流浪的心得到溫暖和安頓的感受，更讓兩位老人享受到天倫之樂。

我真後悔，沒有更早安排他們和自己團聚。

那是什麼促使我這樣做，從而得到這樣的一段幸福時光呢？

在今天的課堂上，大家讓我說說原因。於是我講出這樣一次經歷：

一天，我從吳國回來，匆匆去見老師。

還沒到杏壇，半路上就遇到老師帶着子路等人出門郊遊。

子路駕車，老師坐在車上，滿面春風。見到我之後，他們立即停了車，邀我和他們一起去郊遊。

看見老師和子路他們那麼高興，我也很想一起去。但我剛從吳國回來，急着給魯君送一封吳王託我帶來的書信，實在難以抽出時間和他們一道去。

吳國的絲綢十分有名，我帶了兩匹回來，準備給老師做兩套好的衣服。因為帶着不方便，我就交給子路，先放在馬車上。

晚上我回到杏壇，子路告訴我，我送老師的那兩匹絲綢，已經被老師送人了。

那兩匹絲綢很珍貴，我一聽，有點急了，追問子路：

老師為什麼要送人？那個人想必十分重要吧？否則，老師不會把我千里迢迢帶來的貴重東西轉送給他！

沒想到，子路卻告訴我：

那個人並不是什麼重要或有名的人，是一個我們在路上偶然遇到的人。

什麼？我簡直不敢相信自己的耳朵。

子路告訴我，事情是這樣的：

老師帶着大家到了泰山腳下，經過一個十字路口時，遇到一個叫程子的人。這個人來自秦國，要去齊國。儘管是第一次見面，但老師發現他頗有學問，而且很有情趣，兩人一見如故，於是老師也不去遊玩了，兩人聊了一下午，十分投緣，還時不時哈哈大笑。

直到天色已晚，那人還要趕路，老師才依依不捨地和他告別。分別時，老師問子路：

我們身邊還有什麼較貴重的東西嗎？

子路回答：

沒有其他東西，只有子貢從吳國帶來的兩匹絲綢，是準備給您做衣服的。

老師說：

 快快快，趕緊拿出來送給這位先生！

但子路只是嘴裏應着，實際上卻沒動。老師催了兩遍，有點生氣了，說：「子路，你聽見了嗎？」

子路只好直言：「老師，這兩匹絲綢，是子貢好不容易從吳國帶來給您做衣服的，可剛拿到手，您就要送人了，這對得起子貢的一片心意嗎？何況，您的衣服的確舊了，也該換一身好點的衣服了！」

聽了子路的話，老師的神情變得柔緩了，耐心地說，自己的衣服還可以穿，何況等下次子貢去吳國時，讓他再帶幾匹回來就可以了。

看子路還是有些猶豫，老師又說：「子路啊，我的做法是有道理的。這在《詩三百》中可以找到很好的依據。」

子路不服氣，說：「我不信。」

「你記不記得《詩三百》中有這樣一段——『有美一人，清揚宛兮；邂逅相遇，適我願兮。』眼前這位程先生，是天下的賢士，就像詩中那位美人一樣，雖然是沒預約而相遇，但和我心意相投。我不想錯過這個相遇的緣分。如果現在不送點東西給他，恐怕一輩子也見不着了。」

一聽老師這話，子路便乖乖地將兩匹絲綢給了那位先生。

我知道，子路是個「直腸直肚」的人，同學中能和老師頂嘴的也就是他了。為此，他沒少讓老師受氣。但這個「直腸直肚」的人竟然乖乖聽了老師的話，轉性轉得這麼快，這倒是很少見。

聽子路說完，我知道是怎麼回事了，氣也消了。接着，我問子路一個問題：「你說說，你是怎麼被老師說服的？」

子路撓了撓頭，說：「我也搞不懂。好像是因為希望老師開心，也因為老師引出《詩三百》很有權威。不過，最重要的一點，老師說怕以後再也見不到那個人了，我突然覺得內心深處一下被觸動了，有一種酸酸的感覺，覺得不給他一點好東西，一輩子都會很遺憾和後悔。」

我點了點頭，接着問：「那麼，送完之後，那位先生表現如何？」

「當然是喜滋滋，戀戀不捨地和我們告別呢！」

「那老師呢？」

「老師也分外開心。在晚風中，我駕着車，唱着歌，老師滿臉笑容地坐在旁邊，一副怡然自得的模樣，誰看了都會很開心！」

「你呢？」

「我也很開心啊！」

回答完我的問題，子路反問我：「那麼你現在想通了嗎？」

我正要回答，老師進來了，一看老師臉上快樂的表情，我知道，他把我送給他的絲綢轉送給人所得到的快樂，遠遠超過了自己使用絲綢的快樂！

一見到我，老師就連忙道歉：

子貢，對不起啊，沒有跟你說一聲，就把你送我的絲綢送人了！

我忙說：

 不不，聽說老師很高興，而且接受老師饋贈的人也很高興，這就很好！至於絲綢，我下次再買給您就是了。

晚上，我突然從睡夢中驚醒。儘管今天和老師還有同學久別重逢，十分開心，但此刻，我心中還是有一點不開心。

到底為什麼呢？難道是怪老師不該把絲綢送給陌生人嗎？

不是！那到底是為什麼呢？

突然間，我找到了原因：那一瞬間，我想到自己的父母！對他們格外思念。如果說，前一段時間讀《詩三百》，讓我想到父親在雨中依依不捨送我的情景，那麼今天的經歷，讓我有了一種無論如何也要和父母相聚，盡盡孝心的迫切感！

每次父親送我離開，我總是既感動又憂傷。可離開幾天之後，我就會把這些都忘了，腦子裏想的盡是那些所謂的「更重要」的事。

而現在想來，什麼是「更重要的事情」呢？難道經常惦記父母、關心父母，不是「更重要的事情」嗎？

父母都已經年邁，做兒孫的，盡孝要及時，不能找任何藉口去遺忘、淡漠地對待自己的父母！

第二天，我便向老師請假回家看望父母。老師說：「是啊，你離開父母的時間的確有點久了。我幾次催你回去，你總是一拖再拖。現在難得

你有這份孝心，那就好好回家多陪陪老人家吧。」

就這樣，我回衛國和父母相聚了一段時間。

離開時，看見他們難捨難分，我乾脆將他們從衛國接到魯國住了很長時間，並陪他們遊覽泰山等風景名勝。

他們開心極了，說這是他們一輩子最幸福的時光。

聽了我的這段講述，同學都有所觸動，老師也頻頻點頭。

子路說：

當初老師唸那首詩，讓我覺得不要錯過了和那位程子先生的緣分，所以願意將絲綢送給他。但沒想到，這首詩竟然還觸動了子貢的心靈啊！

我點點頭，接着跟大家分享我的體驗：

和一個陌生人的緣分，老師尚且讓我們珍惜，更何況是我們和父母的緣分？這是最難得的緣分，也是只有此生才有的緣分！如果不能珍惜和父母的緣分，好好對待父母，等以後父母不在的時候，再去後悔，那就已經太遲了！

我的話，引起了大家的共鳴。一些同學紛紛告假，表示要回去和父

母相聚。

老師都同意了，而且非常認可大家這種做法。

本來不過是萍水相逢的人，照一般人的做法，根本不會當一回事。但老師不僅和對方深入交談，還送給他一份貴重的禮物。這樣一來，不僅給別人創造了快樂，自己也得到了很大的快樂。

一件很簡單的事，卻被老師創造出生活的詩意。

於是，本來平凡的生活，就此顯出了不平凡的品質。

而且，老師在日常生活中所做的這件小事，讓我更加懂得珍惜各種緣分，不僅讓我感受到生活的美好，而且讓我結交了很多朋友，對我以後將外交工作做得更好、將生意做得更大，都起了很大的作用。

孔子贈人絲綢的故事，見於《說苑·尊賢》、《孔子集語·事譜十一上》、《孔子家語·致思第八》。

## 孔子智慧錦囊

假如你的生活缺乏詩意，可能是由於錯過了當下的緣分。

從孔子的故事我們可以看到：哪怕是一段萍水相逢的緣分，也值得我們格外珍惜，甚至可以把它變為一次生命的恩典。

那麼，對於我們的親人、朋友等緣分更應珍惜，就是理所當然了。

不要「冷」，笑容是通向心靈的鑰匙，冷臉是葬送幸福的「誅心咒」。

不要「等」，不是被動等待他人給你關心，而要主動給予他人溫暖。

不要「拖」，許多人生的遺憾，都是由「以後再說」造成的。

學會惜緣，就是珍惜生命中的陽光。

學會惜緣，就是創造生命的歡歌！

1. 想念曾經的老師／曾經同班的同學／曾經的鄰居嗎？
   不妨寄一張心意卡給他／她吧！

   親愛的 ＿＿＿＿＿：

   ＿＿＿＿＿＿＿＿＿＿＿＿＿＿＿＿＿＿

   ＿＿＿＿＿＿＿＿＿＿＿＿＿＿＿＿＿＿

   ＿＿＿＿＿＿＿＿＿＿＿＿＿＿＿＿＿＿

   ＿＿＿＿＿＿＿＿＿＿＿＿＿＿＿＿＿＿

   ＿＿＿＿＿＿＿＿＿＿＿＿＿＿＿＿＿＿

   ＿＿＿＿＿上

2. 曾因「以後再說」而造成遺憾？□有　□沒有
   如果有，事情是這樣的：＿＿＿＿＿＿＿＿
   如果再給我一次機會，我會這樣做：

   ＿＿＿＿＿＿＿＿＿＿＿＿＿＿＿＿＿＿

# 忘記了快樂

我認為看臘戲沒有意思，曾點告訴我一個「四子言志」的故事。

這個故事以及和老師的交流，令我有很大的觸動，不僅讓我有了全新的快樂體驗，也改變了我對人生的看法……

這是臘月的一天，魯國的城市和鄉村都彌漫着輕鬆的氣氛。

昨天，離開老師很久的我，從衛國回到魯國，老師很高興。

今天，老師便帶我和曾點以及幾位年輕同學一起到曲阜郊外看臘戲。

看了大半天，老師興致勃勃，但我向來對看戲不感興趣，只是不忍掃老師的興致，直到他興致已盡，才陪他回家。

回城的路上，老師問我臘戲是不是很有意思。

站了一天，腳都發麻了，我忍不住將心裏話脫口而出：「真沒意思。」

說完我就後悔了，這不是惹老師生氣嗎？

一看老師並沒有生氣，我趕緊解釋：「一國之人好像都發狂了，難道玩，就那麼有價值嗎？」

老師說：「文武之道，一張一弛。大家辛苦了一年，在這農閒的時間，好好鬆弛和快樂一下，不是很好嗎？」

「對別人來說可能有意義。但對我來說，的確沒有意思。有這些時間，還不如幹點有意思的事情呢！」

老師笑瞇瞇地問我：

什麼才是有意思的事情？

那還用說，讀讀聖賢書，想想為政之道，哪怕出去做點生意賺點錢也好啊！

聽了我的話，一旁的曾點忍不住笑了起來：

子貢啊，我怎麼覺得你今天說話的腔調那麼像我們家曾參啊！

什麼什麼？像曾參？開玩笑，怎麼能拿我和「阿木」比？我比他有

情趣多了，琴棋書畫，我哪樣不會啊，難道這還不夠？

看我一臉不服氣的樣子，老師也笑了：

琴棋書畫固然是情趣，但隨時隨地發現和享受生活中的美，才更是有情趣的表現啊！

就在這時，我聽到一聲輕輕的歡呼，原來快到舞雩台了。曾點帶着兩個小師弟一邊往前走，一邊說：「老師，快到舞雩台了。我們一起到那裏休息吧！」

到了舞雩台，我攙着老師的胳膊，一同登上，舉目四望，立即心曠神怡。

舞雩台是魯國國君祭天祈雨的地方，平時很少有人來，此時台上就只有我們幾人。

舞雩台的一邊，是金碧輝煌的魯國古城；而另一邊，則是流淌的、碧波蕩漾的沂河水；還有一邊，則是一望無垠的平原，與藍天相接，視野十分開闊。

我發現年紀最大的曾點，到這裏格外興奮和快樂，便問他為什麼這麼開心。

曾點說：「曾經有一次，我和老師還有幾個同學在這裏談志向，想起來真開心啊！」

老師的興致也很高，他問我：「子貢，你知道我們在這裏談志向的事情吧？」

老師和同學談志向很常見，但由於我當時不在魯國，所以對這件事不是很清楚。

於是曾點就給我講述了那次「四子言志」的故事。

那天，老師乘興和曾點、子路、冉求、公西華四人來到舞雩台。四人坐在老師周圍，一起欣賞美景。子路、冉求、公西華陪老師說話，曾點則在一旁彈琴。

老師說：

我老了，恐怕沒人願意用我了。但你們還有施展抱負的機會。我問你們，假如還有機會，你們的志向又是如何呢？

子路一聽，立即豪情萬丈地說：

如果是一個擁有一千輛兵車的國家，夾在大國中間，受到鄰國軍隊的侵犯，加上國內又鬧饑荒，讓我去治理的話，只需三年時間，就可以使人們英勇善戰，而且懂得道義。

老師聽了微微一笑，沒有說什麼。

冉求回答：

方圓幾十里的小國家，讓我去治理的話，三年時間，可以使人民富足。至於修明禮樂制度，那只有等待賢人君子來實施和教化了。

老師聽了也沒有作聲，只是轉過臉去看着公西華。

公西華想了想說：

我不敢說自己很有本領，只是願意學習而已。在宗廟祭祀和諸侯會盟的時候，我願意穿着禮服，戴着禮帽，做個小小的儐相。

老師聽了，還是不置可否。

只剩曾點沒有說，大家都把目光轉向他。

不過曾點沒有立即回答，他彈琴正彈到得意處，直到一曲完畢，鏗鏘一聲，他手一揮，站了起來。

在琴聲的裊裊餘音中，他恭恭敬敬地向老師行了個禮，說：「老師，我和他們的志向不一樣。說出來怕大家見笑。」

老師說：「不用那麼嚴肅。不過是自由談談而已嘛，說出來給大家聽聽。」

曾點說：

我的志向是，春暖花開的時候，和五六個成年人，六七個小孩子，在沂水中洗個澡，在舞雩台上吹吹風，然後唱着歌回家。

這也算得上是志向？他一講完，大家忍不住哈哈大笑。

沒想到老師卻說，自己贊同曾點的志向。

儘管這一幕已過去好久了，但此時此刻，身處那時他們幾位言志的舞雩台，當時的情景好像歷歷在目，尤其是曾點沒有立即回答老師的問題，而是先將一曲彈完的做法，我真是欣賞極了。

一方面，我佩服他的瀟灑。有誰能像他那樣，一邊聽大家述志，一邊彈琴，甚至當老師提問後，還要盡興地彈完琴再回答問題呢？

另一方面，我更佩服老師的親切與雅量。一般人都認為老師很嚴厲，但誰又能想像得到，當老師提問時，他能允許弟子先彈完琴再回答問題？

但我還有很大的疑惑，老師為什麼對其他幾位同學的「大志」不以為然，反而對曾點這種看起來不是志向的志向深以為是呢？

當我將心中的疑問提出來後，老師說：「子貢，聯繫到剛才你說的『沒有意思』的話題，你是不是覺得曾點的理想不符合你『有意思』的標準？」

「是的。」

「為什麼呢？」

「老師，大丈夫生於世界，應該幹一番轟轟烈烈的事業才對。如果像曾點這樣只知道個人的享受，和那些村夫村婦又有什麼區別呢？」

老師笑了起來，說：「所以，你不論是在我身邊，還是在世界各地忙個不停，就是為了追求事業啊？」

那當然，雖然沒有直接回答，但我的表情已經表明我的態度。

這時，我看見老師眼中充滿一種慈祥的光芒：

子貢啊，事業是重要，可人活在世上，並不只有事業，還有生活。事業固然重要，追求生活的美好難道不也值得重視嗎？難道你就不想在春風拂面的時刻，和朋友一起到河中沐浴，一起歌唱嗎？

老師的聲音不大，但給我當頭棒喝之感。是啊，這些年來，我就是一個事業型的人，整天為事業奔忙，對周圍生活的美好卻缺乏覺知。我這種只重視事業不重視人生的態度，是否該改正呢？

這時，曾點走到舞雩台邊，夕陽西下，晚風吹着他的臉。他閉上眼睛，露出十分享受的神情。而幾個小師弟，張開雙手，向着遠方大聲呼喊，十分忘情。

我站在舞雩台上，看着周圍的一切，突然有了不一樣的感覺。

儘管已到冬天，但這一望無際的齊魯大地，蘊含着一種獨特的美：收割後的田野顯得格外寧靜，不遠處幾棵沒有掉葉的綠樹顯露出生命的

本質，還有那裊裊的炊煙、三三兩兩散落在田野中的牛羊，都讓我感到
生活是那樣的美好。

這時老師說：

> 子貢，此時你快樂嗎？

我點點頭。

老師接着問：

> 那我們活在這個世界上，是不是應該更多體驗和
> 領略這樣的時刻呢？

我不由得回想起今天看臘戲的情景。此刻，我不僅覺得臘戲本身
美，而且覺得看臘戲津津有味的老百姓，本身也是一道很美的風景。

因為，在這個充滿戰爭和紛擾的時代，能在和平的氣氛中高高興興
地看一場戲，不管是我還是老百姓，都已經是很大的福分。

看着四周的風景，再三琢磨老師讚賞曾點的話，我突然對自己敲響
了警鐘：子貢，你滿腦子都是事業，可別因此而成為事業的奴隸啊！

1. 子貢看臘戲的故事，見於《孔子家語・觀鄉射第二十八》。2. 四子言志的故事，見於《論
語・先進第十一》。

孔子智慧錦囊

　「當你向遠方走去時，請不要只去注視懸在地平線上空的星斗，也請留心路邊的鮮花。」

　這是一位女生給同班一位男生寫下的畢業留言。她所期望的，是這位成績傑出的「尖子生」，在追求學業的同時，不要忽略生活的美好。

　這其實正是我們每個人應該有的生命狀態。

　天邊的星斗固然美麗，而路邊的野花也同樣芳香。

　能隨時隨地領略和享受生活的美，就能活出一種富有詩意的人生。

## 手造備忘錄

1. 除了為學業而努力外，我最享受_____
   的時刻，因為：

   _____

2. 喜歡登山遠足嗎？ □😝  □🙂  □∧
   登山遠足令我有這樣的感受：

   ① _____

   ② _____

   ③ _____

# 野菜齊分享

第四堂

一位阿伯將一罐煮得黑乎乎的野菜送給我們吃。我們覺得味道很平常，但老師卻吃得津津有味，並從中吃出不一般的感受。

我回頭看了看那間小小的茅屋，頓生美意；

我又回頭看了看茅屋邊的那位老農，覺得格外親切感人；

我再看一下走在我前面的老師，心中更是生出一番愈來愈深的敬意。

剛剛發生的一幕，是老師讓我更能從普通的生活和普通人身上，去發現生活深層的美，這怎麼能不讓我格外敬重老師呢？

「四子言志」的故事，改變了我以往只重視事業不重視生活的態度。我不僅第二天再陪老師去看臘戲，而且還經常陪他去曲阜城外的山林、水邊遊玩。

我覺得以後要更常去領略生活的詩意和美好。但是，隨着日子一天天過去，我發現很多時候生活都是平淡無奇的，哪有那麼多富有詩意的

事物擺在你面前呢？

　　然後就在剛才，我改變了自己的看法。

　　我們今天去登山。回來的路上，大家有些累了。

　　看見路邊有間小茅屋，門口有幾個石櫈，我們便坐下來，稍事休息。

　　這時，一位阿伯從茅屋走出來，和我們熱情地打招呼。之後，他仔細看了看老師，恭恭敬敬地說：「請問您是不是孔丘老司寇啊？」

　　老師點點頭，問他是怎麼知道的。

　　「您還記得當年您曾經放過一對打官司的父子，說『不教而誅是為虐』嗎？您在審理這場官司時，我也在場，您實在是太了不起了……」

　　看得出來，遇到老師，他很激動，說着說着，他突然想起了什麼，於是就往屋裏走：「請您等一下，我要送點東西給您。」

　　不一會兒，阿伯端着一個熱氣騰騰的瓦罐回來了。

　　我一看那個瓦罐不僅舊，而且顯得很髒。

　　「這是一些山野小菜，我剛剛做好準備自己吃的，正好遇到老先生，就請您和大家一起品嚐吧。」

　　我一看，裏面的菜雖然聞起來不錯，但看上去似乎不太美味。

　　我們都知道老師吃東西很講究：食不厭精，膾不厭細。色惡，不食；嗅惡，不食。

　　這樣的東西，怎麼能讓老師吃呢？

　　我正想找個理由拒絕，沒想到老師卻高高興興地接過瓦罐，喝了一口湯，連連誇獎道：「好吃好吃，真好吃！」

　　接着又招呼我們：「好東西啊，快，你們都嚐嚐。」

　　我嚐了嚐，皺了皺眉頭。不過如此，並不像老師說的那樣好吃啊！

看老師有滋有味地將瓦罐裏的菜吃了個精光，阿伯高興得不亦樂乎，站在一旁一個勁兒地搓着雙手。

吃完了，道過謝，我們繼續往前走。

過了一會兒，我忍不住問老師：

剛才的野菜真的那麼好吃嗎？

你說呢？

老師反問我。於是，我坦白說：

很普通啊。

大家也都表示贊同。

同行的小師弟子張說：

瓦罐是陋器，煮的東西也很簡單，味道也不見得好，老師為什麼卻連連誇讚，吃得那麼有滋味呢？

老師回答說：

是啊，從菜本身的味道而言，的確談不上很好吃。但是我們接受的只是老伯的一罐菜嗎？難道不是在接受他最好的一片心意嗎？能領略到一個陌生人的這份心意，自己快樂，別人高興，這也是一種更大的享受啊！這份好意難道不是最好的美味嗎？

這一瞬間，我的心靈又受到了一次更大的觸動。

老農以破瓦罐將平常的菜餚送給老師吃，味道雖然平常，但是老師卻能吃出一份最難得的情感。

老師的眼光和做法，的確與眾不同啊！

如果我們都能像老師那樣，從不同的角度和深度去看待人與事，生活中何處不是美好和詩意呢？

我突然開始明白老師為什麼讚賞曾點的理想，其中恐怕有兩個原因：一方面是希望政治清明，自己可以過上那種自由自在的生活。另一方面，是老師格外重視生活中的詩意，並能挖掘生活中的詩意吧！

孔子接受陋食的故事，見於《孔子家語·致思第八》。

　　我們大多數人的生活都是平凡的，但如果換一種富有詩意的方式，就可能活出不平凡的品質。

　　最大的詩意，是要從普通平凡的事物中，發掘它那深藏的美。

　　這世界給每個人提供的風景都是一樣的。關鍵是你選擇了什麼，你就看到了什麼。

　　消極的人看到的是世界的陰影，積極的人看到的是光明。

　　假如你能在日常生活中發現它的詩意，即使面對一碗野菜，你也能吃出天堂。

**手造備忘錄**

1. 以下是我媽媽最常煮的一道菜：

美味星級：＿＿＿＿＿＿＿

心意星級：＿＿＿＿＿＿＿

（滿分為五顆星）

2. 我曾經收過一份這樣的禮物：＿＿＿＿＿＿＿＿＿＿

雖然它＿＿＿＿＿＿＿＿＿，但滿載＿＿＿＿＿＿＿＿＿

的心意。

杏壇學生守則三

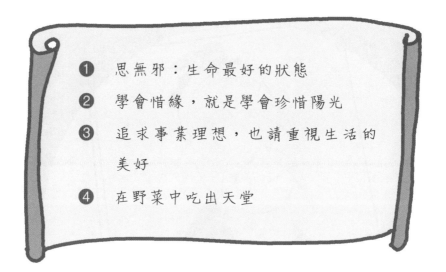

1. 思無邪：生命最好的狀態
2. 學會惜緣，就是學會珍惜陽光
3. 追求事業理想，也請重視生活的美好
4. 在野菜中吃出天堂

特別篇

子貢的三個願望

老師去世了，他的影響卻在全世界愈來愈大，與此同時，對他的誤解和曲解也愈來愈大。其實，要避免對老師的誤解，就必須全面地認識和理解他。

　　　老師教給我們的智慧很多，包括學習、成長、處世、治國等，但在根本上，老師是以一生的追求，教給我們每個人最重要的生命智慧——在僅有一次的人生中，如何做一個「大人」！

# 做一個不斷超越的人

子夏一會兒胖一會兒瘦，並非改變飲食所致，而是心中有兩個「我」在打仗。

這樣不斷向自己挑戰，也就能不斷超越。

「不能這樣做！老師是泰山北斗，要學老師，絕對不能這樣！」

真沒想到，平時看來古板、老實的曾參，竟然把有若師弟從高高的位置上拉了下來！

有若一臉尷尬，同學一片嘩然。

老師，如果您九泉之下有靈，你肯定看到了這一發生在您墓前的情景，並會記得在這一幕發生後，大家討論如何向您學習。

老師，您的去世，對弟子來說，是最大的打擊。我們一時無法接受這現實，所以在您去世後，弟子自發地為您守墓，一守就是三年。

大家實在是太思念您了，後來子夏等幾個年輕的同學提出：有若長得像老師，讓他來扮演您的形象，代表您，讓他坐到一個高位上，大家

對他禮拜，以寄託對您的思念和尊敬。

剛開始這樣做的時候，我們好像真的找到心靈的寄託，好像您真的又回到我們身邊。但有一天，子張向有若提出一個問題，有若回答不出來，子張歎了一口氣，說：

哎，畢竟不是真正的老師啊！

之後，沒想到曾參竟然一時衝動，把有若從座位上拉下來了。

曾參這種做法，的確有些違反禮節，也不像他平時的為人。曾參很快也意識到自己不對，他先向有若道歉，之後向大家解釋：「古往今來，誰能比得過老師呢？因為有若像老師，我們就膜拜他，這樣做可能恰恰是不敬重老師啊！」

被人拉下來的有若，那一刻肯定是既尷尬又羞愧，但是他很快又調整好心態，說：

曾參說得對。我因為長得像老師，才被大家這樣尊重。儘管知道大家這樣做是想寄託對老師的思念，但實際上我也是如坐針氈啊。我們更應該多學習老師的聖人和君子之道，不應該把我作為他的替身來讓大家膜拜！

於是，大家提出這樣一個問題：老師是萬古的聖人，也是我們應該學習的榜樣，我們該如何向他學習，成為像他這樣偉大的人呢？

大家議論紛紛，有的說要學這點，有的說要學那點……

這時，我問大家：是否還記得我們周遊列國回來時，老師帶我們到宰相府門前上的那一堂特別的課？

當時曾參、子夏、子游等人都參加了，他們都說還記得。

那一次，我說老師是天才，老師卻把少年時遭遇的挫敗和羞辱，以及一步步學習提升的故事告訴我們，讓我們明白「天才」不是「天生之才」，而是不斷自我激勵和奮鬥的結果。（詳見《爭氣秘笈》第壹班）

除了這個故事，曾參又提醒大家回憶老師那段著名的話：「吾十有五而志於學，三十而立，四十而不惑，五十而知天命，六十而耳順，七十而從心所欲，不踰矩。」

這是老師總結自己一生的一段話。那麼，老師的成長故事和這段總結給我們什麼啟示呢？

大家都希望從中悟出一些道理來，紛紛發言：「一個人來到這個世界上，並沒有誰生來是受上天恩寵的，要成功，就必須發憤！」

「正如老師教育我們，不要憂慮沒有地位，而應憂慮自己是否能夠自強自立！」

於是，大家得出一個結論：我們要像老師那樣偉大，首先必須像他那樣，成為一個不斷超越的人。

那麼，大家又是如何超越自我的呢？

我與大家分享一個小故事吧。

一次，曾參去河西，在路上遇到子夏，發現他瘦了許多，就問他為

什麼。

　　子夏回答說：

在打仗，所以瘦。

　　曾參很奇怪，當時並沒有戰爭啊。怎麼說打仗呢？

　　子夏沒有多解釋就走了，這讓曾參滿腹狐疑。

　　過了一段時間，曾參看到子夏胖起來，滿臉紅潤，又問他：「你怎麼又胖了啊？」

　　他回答：

打仗打贏了，所以胖。

　　曾參這下可不放過他了，一定讓他說清楚。

　　子夏解釋說：「那段時間，我回家看堯舜和老師對我教育的仁義道德，以遵守它而覺得快樂，可一出門看見富貴的好處，又以為能享受富貴才會快樂，兩個念頭在腦海中打仗，不分勝負，所以就瘦了。」

　　「那麼現在呢？」

　　「現在是仁義道德勝了，所以胖了。」

　　曾參向我講完這個故事後，大為感慨地說：「一個人的突破，要以向自己挑戰為前提。子夏能這樣挑戰自己，才是真正遵循老師教誨，才是

真正以老師為榜樣而學習啊！」

子夏身處的魏國，魏王與宰相都是他的學生，他的影響力愈來愈大。從上面那個小故事，你就可以知道他現在為何有這樣大的成就了。

子夏僅僅是同學中自我突破的一個代表。其實，我們大多數人都在以老師為榜樣，不斷尋求自我突破和自我超越。

老師，您放心，我們都在一起努力！

有若替代孔子接受禮拜的故事，見於《史記·仲尼弟子列傳》。

## 孔子智慧錦囊

　　一個人不怕起點低，就怕停滯不前。

　　不怕慢，只怕站。

　　超越自我是不斷進步之本！

　　是的，孔子是人，我們也是人，他能通過不斷超越以改變命運，我們也可以通過不斷超越，來創造更美好的明天！

1. 我的腦海中常常有兩個念頭在打仗：

一個是：_____　　　　　　另一個是：_____

勝方：_____

2. 我對現在的自己感到滿意嗎？

☐ 滿意　☐ 可接受　☐ 不滿意

為了遇見更好的自己，我可以這樣做：

_____

子曰：「吾十有五而志於學，三十而立，四十而不惑，五十而知天命，六十而耳順，七十而從心所欲，不踰矩。」

（《論語‧為政第二》）

# 做一個全面發展的人

這些年來，我周遊各地，發現老師在世界上的影響愈來愈大，但與此同時，人們對老師的誤解也愈來愈多。

身為跟隨老師最久的弟子，我覺得我有責任讓大家認識真實的老師，那是一個有着豐滿人性、全面發展的人。

**老師不僅是一個「仁者」，還是一個「智者」。**

誰都知道講仁義，但是不少人認為老師「迂腐」，說他是一個「迂夫子」。

但是，我最清楚老師不僅講仁義，更給我們講智慧；不僅傳授知識，更教我們靈活地處理問題。

要說明這一點，故事實在太多了：曾參過度行孝兩次被您罵；我贖人不領錢，您說我破壞國家政策；子路拿自己的俸祿給工人加飯，您讓我把他煮飯的大鍋掀翻……

這些都說明您思考問題和解決問題都很靈活，誰能說您是一個「迂夫子」呢？

而此刻，我又想起一件事來。我想那些說您「迂腐」的人，假如知道這個故事，是否還能說您「迂腐」呢？

有一天，我們陪老師去散心。黃昏，快回到城北時，一個意想不到的情形出現了：

前面突然火光衝天，驚呼聲、怒喝聲響成一片。仔細一聽，其中好像還夾雜着魯君的聲音！

到底發生什麼事了？

老師和我們連忙走過去，一看，果然是魯哀公在驚慌失措地大聲叫喊，可似乎沒人聽他的話。

他一看到老師，彷彿看到了救星，趕緊拉着老師，將事情的經過大概說了一遍。

原來，那天他帶着羣臣武士到城北的圍場打獵。獵場內荒草茂盛，很難看見獵物。這時，不知誰出了個餿主意，說可以放火燒荒，將小動物趕出來。

哀公覺得有理，就命人點了把火，沒想到當時正颳北風，火勢不斷蔓延，竟然衝出圍場向南邊燒去。南邊是魯君的祖廟，再這樣燒下去就會危及祖廟。

魯哀公趕忙讓臣子救火，卻沒人理會，大家仍忙於追趕野獸，到處是「抓住了」的歡叫聲和野獸被擒的嚎叫聲。

魯哀公不斷跺腳，說：「這可怎麼辦呢？」

老師冷靜地說：

有兩種方法去處理問題。

魯哀公催着說：「是什麼方法？您快說，您快說！」

老師答：

一是獎勵，一是懲罰。

這當然是明擺着的道理。追逐野獸快樂而不會受罰，救火辛苦卻沒有賞賜，誰願意去救火？

「那麼我該怎麼辦呢？」

老師反問他：「您說呢？」

他愣了，看了看老師，彷彿一下明白了：「啊，我知道了，那就開始獎勵吧……對，要重獎！……」說完，他就準備發出重獎的命令。

魯哀公那一刻的猶豫，我明白過來了：在他的印象中，老師一直是重視教化的，當然應該是重獎了。

沒有料到，老師卻說：「不，要罰，而且要對不救火的人重罰！」

「什麼？」哀公十分不解。

老師說：「先別問為什麼吧。我建議你立即這樣發佈命令：凡是不救火的，按照投降敵人治罪；凡是追趕野獸的，按照私入禁地治罪。」

魯君當即照老師說的下令。

命令一下，火很快被撲滅了。

魯君不僅十分感謝老師，而且更加敬佩老師。

第二天，他邀請老師進宮，設宴招待，並對老師千謝萬謝，說幸虧老師處理及時，否則整個獵場就有可能毀掉了。

之後，他又問老師：「您向來提倡仁義之道，很少提到懲罰。為什麼昨天您卻一反常態，要我採取懲罰的措施，並且如此嚴厲呢？」

老師說：「我這是根據當時的情況做的決定啊。在平時，您採取獎勵的措施也是可以的，但當時情況危急，獎勵難以引起大家重視，如果救火的人都要重獎，那麼國庫全用上了也不夠。採取重罰的措施，當然是最管用了。這樣一來，大家怎能不拚命救火呢？」

老師這一番話，使魯君和眾大臣讚不絕口。而我們這些弟子，更是佩服得五體投地。

老師，我聽不少人講過：在所有智慧中，「急智」是最體現水準的智慧之一。遇到突發問題，能夠根據當時的具體情況，以最快的速度拿出最有效的解決方案，假如沒有足夠的智慧和素養，是絕對做不到的。

老師，您隨便露一手，體現的「急智」就這樣讓人佩服，就更不要說治國安邦這樣的大事了。

這些都說明，老師絕對不是「迂夫子」，而是有着「活智慧」的人！

不僅如此，老師還以「君子不器」等理念來教導我們，讓我們深深受益。這也是我體會最深並且經常向人講述的一點。老師所開設的學堂，實際上是一所智慧學堂！

「仁」並不意味着死板，在老師這樣的人身上，「仁」和「智」是完全可以集合的！

~~老師有灑脫的快樂，更有偉大的憂慮。~~

我眼前總是浮現着一張特別的臉。

這是老師的臉，但和平時那張時刻快樂的臉不一樣，因為它是顯得那麼沉重甚至還有些悲苦。

這可能會出乎很多人的意料，理由很簡單，因為老師向來提倡「仁者不憂」，「君子坦蕩蕩，小人長戚戚」。即使在周遊列國最艱苦的日子裏，不管怎樣漂泊動盪，老師卻始終保持着一顆安然的心，和一張永遠笑看一切的臉。

別人也許會問，老師怎麼可能是憂心忡忡的人呢？

但我要告訴大家，那樣的一張臉，同樣也是很真實的。而且，如果不了解那張臉，就不可能全面認識老師，並真正認識到老師的偉大。

那一天，我進屋給老師送茶，只見老師滿臉憂愁，獨自歎息。我不敢多問，悄悄退出來，並告訴顏回。

於是顏回拿了把琴，在院子的樹下一邊彈琴一邊唱歌。

顏回的歌聲充滿了喜悅，我一開始覺得奇怪，但很快就知道他的用意，並暗暗佩服他吸引和影響老師有絕招。

果然，不一會兒，老師就對我說：「子貢，你去把顏回叫過來。」

顏回進去後，老師問他：

你為何獨自彈琴歡歌呢？

顏回調皮地一笑，反問：

我想先問老師，您為何獨自憂傷感歎呢？

老師說：「先說說你獨樂的理由吧！」

顏回說：「我過去聽老師說，樂天知命故不憂，所以我樂！」

老師歎了口氣，說：「我是說過這樣的話，但你並沒有完全領會我的意思。『樂天知命故不憂』是我過去說的話，現在我要改正過來。你只知樂天知命無憂，卻不知樂天知命有大憂呀！」

聽了老師的話，我們都覺得很迷惑。

「如果僅僅自己修身，不管是窮是達，是去是來，是變是亂，我們都能不把它放在心上，這就是剛才你所說的樂天知命無憂。我修《詩》、《書》，正《禮》、《樂》，你們跟着我學習，並不單單是為了完善自身，甚至還不只是治理一個國家，而是想治理天下，並在社會中有所貢獻。可是如今各國，仁義愈來愈衰敗，人們的情性愈來愈差，看來我的主張在今朝今世是不能實現了。如果這些主張不能實現，百姓的生活就總會陷於水深火熱中，這叫我如何不痛心和擔憂呢？」

及後，老師不再說話。他這番話深深觸動了我。

老師的「樂」，是作為個人的，不以一時的得失而樂。

老師的「憂」，不是為自己憂，而是為天下蒼生而憂。

老師的快樂是灑脫的，而老師的憂慮卻更偉大。

我深深地認為，不應該把老師的理念理解為庸俗的快樂哲學，否則很可能誤解老師，也掩蓋了老師智慧的靈魂！

<u>不只求自己完善，更要追求社會完善。</u>

其實，這與第二點緊密相關。

有一次，我們迷路了，不知道渡口在哪裏，子路便去問路。

他遇到了兩位叫長沮、桀溺的隱士。他們對子路說：「社會紛亂就像滔滔的洪水一樣彌漫，誰能變革紛亂的社會呢？與其跟着像孔丘這樣的避人之士東奔西走，不如跟着我們這樣避於世外的隱者隱居！」

子路回來告訴老師，老師若有所失地說：

唉，鳥獸不可同羣。這些隱士為自己圖謀，當然可以歸隱了。但我可以嗎？如果天下有道，我就不參與政治改革了。正因為天下無道，我才帶着你們這樣到處辛苦奔波啊！

還有一次，我在魯國的城門邊與老師再次走散了，遇到一位老者，便向他打聽。

他說：「孔丘，就是那個明知不可為而為之的人嗎？」

瞧瞧，在別人眼中，老師竟然是「明知不可為而為之」的人！

其實，只求自己完善，老師很容易做到，老師也很容易快樂。但老師不圖個人解脫，而更求社會改善。

老師的偉大之處，不僅在於不斷提升個人修養，更在於以天下為己任，甚至想挽狂瀾於既倒，明知不可為而為之。這樣的人，哪是那些自以為聰明的隱士和「智者」所能理解的呢？

這種既能「獨善其身」，又能「心憂天下」的精神，才是一個民族最傑出人士的精神內涵啊！

老師是可敬的聖人，也是可親的凡人。

是的，老師是聖人和凡人的合體。

既然是凡人，就有凡人的缺點，也有凡人的苦惱和憂傷。

我再次想起老師路遇陽貨和見南子的事，特別是見南子後，子路不解，老師賭咒發誓說「天厭之，天厭之」的話。世上哪有老師為了求得弟子理解而賭咒呢？老師不是凡人又是什麼？

我更想起顏回去世時老師的反應，至今仍令人肝腸寸斷。

顏回是老師最器重的弟子，在他身上寄託了老師最大的期望。

但沒有想到，年僅四十歲的顏回因貧病交加，突然撒手人寰！老師得知這一消息後，拚命撕扯衣襟，雙腳跺地，涕淚交流地高聲喊道：

天喪我啊！天喪我啊！這是蒼天在要我的命啊！

顏回的父親顏路趕緊來安慰老師。老師問他對喪事做了什麼準備。

您也知道，弟子家徒四壁，哪談得上什麼準備啊！

說着說着，顏路不禁聲淚俱下：

說來慚愧，我這個做父親的，只能給兒子買副內棺，連外棺都買不起，真是無能呀！

你別太自責了，只用內棺也可以，人都已經走了，只要活着的人能記住他的德行就好，有沒有外棺並不重要。

沒有想到，此時顏路竟然「撲通」一聲跪在老師面前：「求您想辦法給顏回買個外棺，讓他體體面面地去吧！」

老師顯然沒料到顏路會提出這樣的請求，他沉默了一會兒，有些內疚地輕聲說：「可是，我也沒有錢啊！」

「也許我不該說，但還是要厚着臉皮請求老師。老師不是還有馬車嗎？您把它賣掉湊點錢，可以嗎？」

「顏路啊，說起來你的要求並不過分。可公侯、卿相死後才能棺槨並用，尋常人死後是不能用外棺的，這是禮制規定的。所以，我兒子孔鯉死時，也只用內棺，沒用外棺啊。」

之後，老師又有些不好意思地解釋：「況且，你也知道，我名義上也是個大夫，出入有車也是禮儀啊。」

「可顏回他畢竟是您最喜愛的弟子呀！」

老師又長歎了口氣，說：

顏回活着時，不僅能安貧樂道，更能守禮。我想顏回在九泉之下，也希望我們能夠守禮啊！

聽了老師的話，顏路失望地垂下頭。

此情此景，讓我十分感傷。我有種種想不到的事情：沒想到顏回如此貧窮，但還能如此堅韌地學習；沒想到顏路這麼有自尊的人，會向老師提出那樣的請求。可以想像，他向老師開口的那一瞬間，內心是多麼的痛苦。

我更沒想到，此時的老師竟然窮到只有一輛馬車能換錢的地步。要知道，他曾經也是魯國的司法部長。雖然「君子憂道不憂貧」，但也不應該如此啊！

關於這件事情，有些同學私下議論老師「薄情」，我卻有完全不同的看法。

身為跟隨老師最久的弟子之一，我深深理解並贊同老師這種做法。

記得多年前，老師到了齊國，齊君準備重用他，卻被一位大臣阻止了。理由是老師過於遵循古禮，尤其太重視葬禮，因花費太多，會加重國家和家庭的負擔。

我不知道這位齊國大臣是因不懂得老師，還是以此為藉口不讓老師出仕。但通過這一事件，我要告訴天下所有人：這位齊國大臣的確是大

大冤枉了老師！

其實老師比任何人都講究「度」，儘管他重視葬禮和祭祀，但絕不會沒有節制。依照顏回的身份和地位，只用內棺也是適度和正常的啊。

何況，生前的德行，跟死後葬禮的風光並沒有關係。

但畢竟和顏回同學那麼多年，儘管老師說了不可越禮厚葬顏回，我還是和幾位同學湊了點錢，多少也讓顏回的喪事稍微體面一些。

現在回想此事，我一方面佩服老師，因為他凡事重視分寸，這正是他了不起的地方之一，但另一方面，我也為此感傷，老師奮鬥一生，到老年竟然只有一輛馬車，連為最心愛的弟子多拿出一點錢來入葬都無法做到，這是他的無奈。

當然，老師的無奈還不只這些，他最大的無奈是有崇高的理想，在世時卻無法實現。

但這也正說明他是一個人，而不是一個神。

當然，他不是一個平庸的人，而是一個時刻想超越自己，不虛度此生的人。

我想起了去楚國見到同學澹台子羽的情景。

當初我陪伴老師去子游管理的武城，老師問子游有沒有發現什麼人才。子游向老師推薦了澹台子羽。後來，澹台子羽成為老師的學生。澹台子羽其貌不揚，又不善於表現自己，老師並不太喜歡他，所以沒有太關心與重視他。

但澹台子羽卻十分認真地學習。之後，他離開老師去了南方，不斷傳播老師的思想。在楚國，他有近千名學生。可以說，他對擴大老師在南方的影響，起了最重要的作用。

我記得當我把這個情況告訴老師時,老師感慨地說了這樣一番話:
「以貌取人,失之子羽。」

那次我見到子羽後,將老師的話告訴他。

他聽了淡淡一笑,說:

這正是老師了不起的地方啊!老師偉大,但老師不是神,也有平凡之處。老師有遠大的追求和超凡的學識,但同時也從不掩飾自己的平凡,正因為這樣,才顯得他是那樣的親切,才使我們更加心甘情願地追隨他。

之後,他還特別叮囑我:

子貢師兄,你跟隨老師最久,也最了解他,我希望你能將老師的真實面貌告訴大家,還原我們心目中那個親愛的老師的形象。

親愛的老師的形象?

我突然覺得，子羽的話把握了老師形象的根本。

我覺得別人對老師的誤解，無非有兩方面：

一是把老師貶低，說他迂腐，或者降低他的社會價值，說他只是個人心靈快樂的創造者；二是把老師拔高，說他是聖人，一切都超乎常人。

毫無疑問，這兩種認識都是錯的。

於是，我眼前又浮現出老師的形象，我將他稱為：

「親愛的孔子老師」。

老師，您接受學生的這個稱呼嗎？

1. 孔子談救火的故事，見於《韓非子·內儲說上》、《孔子集語·論政九》。2. 顏回彈琴的故事，見於《列子·仲尼篇第四》。3. 孔子遇長沮、桀溺兩隱士的故事，見於《史記·孔子世家》、《論語·微子第十八》。4. 孔子被指「知其不可為而為之」的故事，見於《論語·憲問第十四》。5. 孔子薄葬顏回的故事，見於《論語·先進第十一》。6. 孔子「以貌取人，失之子羽」的故事，見於《史記·仲尼弟子列傳》。

## 囊 孔子智慧錦囊

　　偉大的人，表面看起來十分矛盾。但矛盾並不只意味着對立，而是意味着內在的統一。

　　孔子就是將矛盾統一起來的典型：

　　執着追求理想的「迂」，與思考和解決問題的「智」，可以統一；

　　倡導個人心靈的快樂與總為天下蒼生而憂，可以統一；

　　追求自我完善與促使社會完善，可以統一；

　　聖人和凡人，在他身上更是可以統一……

　　一個不那麼「光輝」的孔子形象，可能是最符合他真實面貌的形象。

　　一個充滿人性矛盾但能實現內在統一的孔子，也許是更能讓我們學習的人。

## 手造備忘錄

1. 我最欣賞孔子老師的這個特質：＿＿＿＿＿＿＿＿＿＿

   因為：＿＿＿＿＿＿＿＿＿＿＿＿＿＿＿＿＿＿＿＿＿

2. 孔子老師把目標定得太高了嗎？□是　□否　□有一點

   因為：＿＿＿＿＿＿＿＿＿＿＿＿＿＿＿＿＿＿＿＿＿

3. 我的快樂指數：＿＿＿＿＿＿分（滿分為 100 分），

   我＿＿＿＿＿＿＿＿，所以我快樂。

   香港的快樂指數：＿＿＿＿＿＿分（滿分為 100 分），

   人人＿＿＿＿＿＿＿＿，所以社會快樂。

子曰：「君子謀道不謀食。耕也，餒在其中矣；學也，祿在其中矣。君子憂道不憂貧。」

（《論語‧衛靈公第十五》）

# 做一個永遠發光的人

願望三

老師奔波一生，最終也不過歸於塵土。

這使我不由得思考生命到底有沒有意義。

如果有，那又是什麼？

神聖的光輝，從我的兩手中間散發出來。

我的臉不由得變得肅穆，繼而變得溫暖和無比欣喜。

儘管此時太陽正行至中天，但此時此刻，我覺得太陽都比不了我手指間的光輝。

因為，在我的兩手中間，是一個老師的雕像。

是一個我所懷念的、所難忘的、朝思暮想的老師的雕像。

老師去世後，我一直捨不得離開。同學守了三年墓後紛紛離開，我又再守了三年。隨着日子一天天過去，我對老師的懷念也一天天強烈起來，老師的形象一直在我眼前揮之不去。有一天，我不由自主拿起一把小刀，在一塊木頭上刻畫起老師的形象來。

我本來不善於雕刻，但熟能生巧，幾年過去，我已經能雕出栩栩如生的老師形象。

　　許多人只知道我用老師教育我們的儒學智慧去經商，我還因此被譽為「儒商的始祖」。但不少人還不知道，我也因此被譽為「雕塑業的始祖」。

　　老師，您剛才可能已經看到，這個我最喜歡的雕像，我已經送人了。接受這個雕像的人，是一位年輕的書生。

　　我也不知道這位書生是何時出現在我身邊的。當他把我從思緒中喚醒的時候，我才發現他就站在我身邊了，並對這個雕像表現出最崇敬的情感。

　　他的神情使我很感動，後來經了解，他竟然是杏壇的新一代學生。

　　從他的講述中，您應該得知杏壇的新貌。您去世以後，曾參就接着在這裏開班授徒，在他去世之後，您的孫兒子思接着開班授徒。

　　這位書生手中拿着兩冊竹簡。我打開一看，第一冊是曾參寫的，名為《大學》。當中第一句話就給了我很深的觸動：「大學之道，在明明德，在親民，在止於至善……」

　　接着，我又看到這樣精彩的話：「古之欲明明德於天下者，必先治其國；欲治其國者，必先齊其家；欲齊其家者，必先修其身；欲修其身者，先正其心；欲正其心者，先誠其意……」

　　誠意，正心，修身，齊家，治國，平天下……多麼精警的總結啊！

　　這不正是老師「修己以安人」的進一步體現嗎？曾參的確有了不起的成就啊！

　　從這位書生那裏，我還得知一個想像不到的故事。

曾參去世時，我並不在身邊。在曾參彌留時，這位書生去探望他，並向他求問君子之道。

曾參說：

鳥要死時，鳴叫的聲音是悲哀的；人要死時，說的話都是善意的。君子所看重的道有三點：舉止容貌端莊，就會遠離粗暴和慢怠；嚴肅自己的面色，就接近誠信；說話言辭和悅，就會避免鄙俗和錯誤。

談完這些之後，他又強調了一句：

至於祭祀中的禮儀問題，那是主管小吏的事情。

老師，不瞞您說，當這位書生告訴我這些話時，我真有點不相信。

「祭祀中的禮儀問題，那是主管小吏的事情」，這是「阿木」說的話嗎？如果在以前，不要說他自己不會說，哪怕別人說，都有可能引起他強烈反駁啊！

我感到很欣慰，他已經知道抓住事情本質，而不是像以往那樣只會生搬硬套。

老師，您聽到這些，是否會覺得很寬慰呢？您這個虔誠學習但總是

有點「木」的學生曾參，不僅將您的思想發揚光大，而且終於學到了您靈活的智慧啊！

我不禁感慨萬千。看着那位書生手中的另外一冊竹簡，我問他那是不是也是曾參的著作。

他回答說不是，而是子思的著作，名字叫《中庸》。

我把竹簡接過來，中庸，這是老師至高無上的處世智慧啊！

記得那次老師在魯廟中看「敬器」，第一次談「中庸」的時候，子思還是個小孩子，現在他竟然將老師的思想昇華為一本書了……

雖然我沒有向書生透露我的身份，但他是杏壇的新弟子，我就講了不少您的故事給他聽，並將您的雕像轉送給他了。

他顯得十分激動。

這時，我才想起還不知道這位年輕人的名字。他說了，但我沒聽清楚。歲月不饒人，我的耳朵愈來愈不好使了。好像他說姓孟，或者，是姓蒙？

沒容我再問，他便充滿豪情地說：「我要以太師公孔子為榜樣，做千古聖人。」

他接着說：「我要養我的浩然之氣。富貴不能淫，貧賤不能移，威武不能屈。」

從他身上，我似乎看到了老師的影子。雖然他還很年輕，但我對他充滿了敬意！

這時，遠遠傳來學子的讀書聲：「朝聞道，夕死可矣。」

「知之為知之，不知為不知，是知也。」

……

年輕人向我鞠躬，說：「老先生，我要去上課了。謝謝您給我講那麼多太師公的故事。」

我依依不捨地目送他離開。

不料，他才剛走幾步，又轉過身來說：「先生，您看我將來有可能成為太師公那樣的人嗎？」

我微笑着點了點頭。

會的，會的。只要你照老師的路走下去，總有一天，你也可能成為孟子或者蒙子……

年輕人向我告別，向學堂走去。

我的淚水再次奪眶而出。

這是憂傷的淚水，因為，世界上最親切而且最有智慧的老師，永遠離我而去了。

這是感恩的淚水。我怎麼如此幸運，能和老師生活在同一個時代，並且能夠親近老師，領略老師的風采，學習老師的智慧。

這更是喜悅的淚水。老師，您雖然走了，但您的精神尚存，還在滋養着千千萬萬人，讓他們幸福和成功，這星火並將永遠傳承下去，不會熄滅。

老師，我必須坦率地告訴您：在我為您守墓的日子裏，甚至是每次在您墳前拜祭時，我一直有個最大的疑問：老師奔波一生，最終也不過歸於塵土。

這使我不由得思考生命到底有沒有意義。

如果有，那又是什麼？

我突然感到，那個多年沒有解決的問題，現在終於有了答案。

老師，您已經教了我們許多智慧：學習、成功、幸福、處世、治國等等。但對每個只擁有一次生命的人而言，最核心的智慧卻是關於生命的智慧。

人人都會死。

每個活着的人，都想躲避死亡，但在某個時空點上，死亡都會不期而至。

死亡似乎剝奪了所有生命的意義，但這屬於每個人僅有的一生，卻有着非凡的價值。

這生命的價值，不是誰給予的，而是靠每個人自己主動賦予的。

而老師您，不是用語言，而是以一生的追求，給所有活着的人和將會來到這個世界的人，昭示了如何才不會辜負僅有的一生：

第一，做一個能夠照亮自己的人。

第二，做一個能夠照亮周圍的人。

他能讓同時代有緣與他相遇的人，都能感受到他的光芒。

第三，做一個能夠照亮後代的人。

每個人的生命都會結束，但把握住這三點，有限的生命就能無限延伸！

曾參談道的故事，見於《論語·泰伯第八》。

## 孔子智慧錦囊

有這樣一句著名的格言：

「人生有兩門必修課：一是生命，二是人性。」

在所有應該學習的智慧中，生命智慧是最重要的。因為，只要是人，都無法逃避一個問題：如何善待生命，如何度過這短暫、充滿挑戰而且絕不再來的一生？

可以選擇當一個懦夫，時刻等着別人給你安排命運。

可以選擇當一個壞蛋，只管自己快樂，不管他人死活。

但是，我們最可學的是孔子：照亮自己，照亮他人，照亮後代。

這種發光的人，才敢在總結人生時說：我今生無悔！

1. 如果孔子老師是我的班主任，他會是一位受歡迎的老師嗎？

   ☐會　☐不會 因為：＿＿＿＿＿＿＿＿＿＿＿＿＿

2. 告訴自己，我可以成為＿＿＿＿＿＿＿＿＿＿＿＿＿＿
   只要我＿＿＿＿＿＿＿＿＿＿＿＿＿＿，就能擁有更好
   更自在的人生。

「大學之道，在明明德，在親民，在止於至善。」

（《大學》）

子曰：「朝聞道，夕死可矣。」

（《論語・里仁第四》）

子貢遇到的書生是誰？

☐孟子 ☐蒙子 ☐我們都是孔子的學生

# 在好看的孔子故事中學管用的孔子智慧

　　對許多渴求學習中華傳統智慧的當代人，尤其是對青少年學生而言，孔子無疑是一座高峯。這一方面體現了孔子智慧在中國傳統文化中的地位，另一方面，也是因為他總讓人覺得高不可攀、遙不可及。

　　但是，當我們深入到歷史的深處，與真正的孔子接觸，你就會發覺他與人們印象中的那個「老夫子」大不一樣。

　　2013 年 11 月底，有這樣一則新聞：國家主席習近平到山東曲阜（孔子的故鄉）孔府考察，當孔子研究院的負責人將兩本書送給他時，他拿起來翻閱說：「我一定要仔細看看。」其中的一本，就是對《孔子家語》一書的解釋。

　　《孔子家語》是一本什麼樣的書呢？這是一本介紹孔子生平經歷與故事的著作。許多人一談孔子，往往首先想到的是《論語》。其實，《論語》

更多的是講述孔子和弟子的觀點，而要了解孔子的生平及故事，這本《孔子家語》向我們提供了最詳細的資料。

我對孔子的真正認識，就是來自多年前第一次接觸的這本著作。我當時既震撼也深感欣喜，不僅在於該書所記載的孔子與弟子的故事生動鮮明，而且這些故事所展示的孔子形象和有關觀點，實在出乎我的意料。之後，我又仔細閱讀《史記·孔子世家》、《史記·仲尼弟子列傳》、《孔子集語》等諸多關於孔子故事的著作。

當我讀完這些著作後，我深深地感到：千百年來，在中國歷史上，許多時候都對孔子誤讀甚至曲解了。這主要體現在兩點：一是將他神化，一是將他妖魔化。在封建社會時期，是神化的階段；而到了近現代尤其是「文革」時期，他就被妖魔化得很厲害，甚至一度成為要被全面打倒的對象。而真實的孔子，他是那樣的富有人性，又是那樣的富有智慧，就像一個生活在我們身邊的老師，有如春風化雨，能給我們很大的幫助。

於是，我很想寫一本盡可能接近歷史真相的孔子的書，讓當代讀者尤其是青少年學生能加以了解和學習。我知道在學習傳統文化時，大家往往因為文字深奧與表述方式生硬而有所畏懼和排斥，所以我希望自己能探索一種大家喜聞樂見的方式來寫作，在風格上一定要強調兩點：一是要有好看的故事，二是要有管用的智慧。

那麼，該怎樣體現上述要求呢？我為此苦苦思考了好幾年，直到有一天，我到了山東曲阜孔子的老家，在孔廟、孔林中不斷徜徉、思考，來到一個很有紀念意義的地方——「子貢廬墓處」，終於找到靈感。

相傳，孔子去世後，弟子為他守了三年墓，而他的得意弟子子貢，又「結廬」再為他守墓三年。他還從衛國移來楷樹苗植於墓前，日久天長，長成挺拔大樹。這一情景不僅把我的想像力一下子拉到兩千多年前孔子和弟子在一起的日子，而且也讓我想到表現孔子的理想形式——

　　是啊，為什麼不借用這位孔子得意弟子的視角，來展示孔子一生的追求和智慧呢？學生遇到問題，老師釋疑解惑，並引導他們逐步成長和進步，這不正是我們平時學習的情景，並往往能因此得到富有價值的啟示嗎？

　　至於為什麼是借用子貢而不是其他人的視角，原因很簡單：在孔子的弟子中，他不僅是跟隨孔子最久、情感最深的弟子之一，而且據有關資料記載，他也是與孔子交流最多的弟子之一。此外，還有特別重要的一點：雖然他是一個古代的學生，但他在孔子的弟子中，是最有現代人特點和追求的人。他是儒商的始祖，是著名的口才大師，更是著名的外交家，曾經一出馬就改變了五國的命運，這些特點與當代讀者的心理應有所共鳴。他所感受和思考的問題，與當代人也更為接近。

　　於是，我就採取小說體的方式，以子貢作為主人公「我」向孔子不斷學習作為主要構思來寫作此書了。當然，因為當代人遇到的問題與孔子的時代畢竟不完全一樣，僅以子貢的視角去學孔子還是不夠的。於是，在每一章中，我又加了一個「孔子智慧錦囊」的點評。這樣，兩千年前的孔子智慧，與當代人的生活就得以掛鉤了。

　　考慮到當代青少年學傳統智慧，可能還要強調能解決與自己關係密切的問題，於是我沒有以一本書，而是以一套三本書的方式，從青少年

學生最關心的三個方面來寫作。這三本書分別是《活學秘笈》、《爭氣秘笈》、《處世秘笈》，這樣，青少年讀者就能根據自己的需求，既有系統又能更有針對性地學習。

當本套書即將完稿時，正逢中國教育部下發了《完善中華優秀傳統文化教育指導綱要》，不僅將對中華優秀傳統文化的教育提到一個前所未有的重要位置，而且倡導「內容精、形式活、受歡迎」的教學配套。我希望，本套書所探索的風格，能給青少年讀者學習孔子智慧提供良好的借鑒作用。

本套書的標題定為「親愛的孔子老師」，就是要一改在許多人印象中，孔子那種高高在上、古板生硬的形象。我希望讀者在讀完這套書後，能得出這樣一個體會：孔子是深刻的，但是深刻並不代表深奧；孔子也是偉大的，但是偉大並不意味高高在上。假如大家能通過一種輕鬆活潑的方式，學到孔子偉大而深刻的智慧，我相信：這種閱讀不僅會成為一種快樂的體驗，而且往往會更有成效。

值得說明的是：本套書雖然是三本，每本書都有各自的主題，讀者可以分開閱讀，但是，畢竟有關情節和觀點在三本書之間有很大關聯，所以還是建議讀者能完整閱讀，而且是根據「親愛的孔子老師」①②③的次序閱讀。這樣，讀者不僅會減少閱讀的障礙，而且能更有系統地掌握孔子的智慧。

在本套書的寫作與出版過程中，得到了許多人的大力幫助，如孔子研究院副院長、孔子第七十五代孫孔祥林，江蘇新華書店營銷經理湯年華，我的兩位中學班主任鄧光聖老師和黃景湘老師，都給了我很好的啟

示與指點，對此，我要格外感謝！

本套書參考了一些著作，對這些著作的作者，我也要特別感謝。

需要說明的是，本套書雖然是採用小說體的方式寫作，但是大多數故事都有出處。讀者如有興趣了解這些原文，可從每個故事結尾處尋找。

當然，由於作者學識的局限，同時也是採用了這種獨特的寫作方式，當中或有不少缺點和問題，敬請讀者批評和指正。

我深切期望：讀者閱讀這套書，能看到一個既「仁」又「智」並且很可愛的孔子老師，以他的智慧裝備和提升自己，讓自己更好地成長，活出更有價值的人生！

吳甘霖

2014 年 6 月 6 日於北京

責任編輯　　劉汝沁

書籍設計　　陳嬋君

書　　名　　親愛的孔子老師 3・放學嗎：處世秘笈

著　　者　　吳甘霖

插　　畫　　陳嬋君

出　　版　　三聯書店（香港）有限公司

　　　　　　香港北角英皇道 499 號北角工業大廈 20 樓

　　　　　　Joint Publishing (H.K.) Co., Ltd.

　　　　　　20/F., North Point Industrial Building,

　　　　　　499 King's Road, North Point, Hong Kong

香港發行　　香港聯合書刊物流有限公司

　　　　　　香港新界大埔汀麗路 36 號 3 字樓

印　　刷　　美雅印刷製本有限公司

　　　　　　香港九龍觀塘榮業街 6 號 4 樓 A 室

版　　次　　2017 年 6 月香港第一版第一次印刷

　　　　　　2020 年 7 月香港第一版第二次印刷

規　　格　　16 開（170×230mm）200 面

國際書號　　ISBN 978-962-04-4100-4

　　　　　　© 2017 Joint Publishing (H.K.) Co., Ltd.

　　　　　　Published & Print in Hong Kong